Momtchil Michliachki

Die Schlüsselrolle der deutschen Stromwirtschaft im europäischen Emissionshandel

IGEL Verlag

Momtchil Michliachki

Die Schlüsselrolle der deutschen Stromwirtschaft im
europäischen Emissionshandel

1. Auflage 2009 | ISBN: 978-3-86815-250-0

© IGEL Verlag GmbH , 2009. Alle Rechte vorbehalten.

Die Deutsche Bibliothek verzeichnet diesen Titel in der Deutschen Nationalbibliografie.
Bibliografische Daten sind unter http://dnb.ddb.de verfügbar.

.

IGEL Verlag

Inhaltsverzeichnis

1. Zielsetzung und Aufbau der Arbeit

Das Klimasystem auf der Erde gerät langsam aus dem Gleichgewicht. Wissenschaftliche Studien belegen eindeutig, dass der anthropogene Faktor einen enormen Beitrag zur globalen Erderwärmung leistet. Mit dem Ziel dem laufenden Klimawandel entgegenzuwirken und die zukünftigen katastrophalen Folgen zu verhindern, haben sich zahlreiche Staaten mit dem Kyoto-Protokoll völkerrechtlich verpflichtet, ihre nationalen Treibhausgasemissionen gegenüber 1990 deutlich zu reduzieren. Um die effektive und kostengünstige Erreichung dieses Zieles zu sichern, sieht das Kyoto-Protokoll so genannte flexible Instrumente vor. Eines dieser Instrumente stellt der Emissionshandel dar. Ein Emissionshandelssystem bietet eine marktwirtschaftlich orientierte Alternative, den Ausstoß von Kohlendioxid zu reduzieren. Eine Tonne CO_2 erhält durch dieses System einen Wert, der über den Marktmechanismus auf dem Emissionshandelsmarkt bestimmt wird. Das Instrument garantiert, dass Emissionsminderungsziele erreicht werden und Emissionsminderungsmaßnahmen dort durchgeführt werden, wo sie am kostengünstigsten sind. Darüber hinaus werden Anreize für Investitionen und Innovationen auf dem Gebiet der CO_2-sparenden Technologien geschaffen. Im Januar 2005 startete in der Europäischen Union das erste internationale Emissionshandelssystem, das heute Anlagen der Energiewirtschaft und der energieintensiven Industrie in allen 27 Mitgliedsstaaten umfasst. Die betroffenen Unternehmen müssen einen neuen Produktionsfaktor in ihre strategische, taktische und operative Planung berücksichtigen und ihre Unternehmensstrategie anpassen. Damit wird die Einführung des EU-Emissionshandelssystems zwangsläufig die bisherigen Rahmenbedingungen in den betroffenen Branchen beeinflussen. In dieser Arbeit soll das Emissionshandelssystem aus industrieökonomischer Sicht untersucht und bewertet werden. Die Analyse wird am Beispiel der deutschen Energiewirtschaft mit Schwerpunkt auf der Stromerzeugung geführt. Aufgrund ihres enormen Anteils an den CO_2-Emissionen sowohl in Deutschland als auch auf EU-Ebene, hat die deutsche Stromwirtschaft eine Schlüsselrolle im Emissionshandelssystem.

Diese Untersuchung befasst sich mit den Auswirkungen des Emissionshandelssystems auf die deutsche Stromwirtschaft aus wettbewerbspolitischer Sicht und liefert eine industrieökonomische Bewertung des neuen umweltpolitischen Instruments. Die Analyse behandelt die Unternehmensebene, die Wettbewerbssituation auf den relevanten Märkten, Potentiale für Marktmachtmissbrauch sowie vorgesehene Investitions- und Innovationsanreizstrukturen.

2. Treibhauseffekt, Klimawandel, Folgen

2.1 Treibhauseffekt und Klimawandel

Angesichts der öffentlichen Diskussion von Erderwärmung und Klimawandel wird es bestimmt paradox klingen, aber ohne den Treibhauseffekt wäre auf unserem Planeten kein Leben möglich. Die Erdoberfläche absorbiert die Strahlung der Sonne und strahlt diese als Wärme in den Weltraum zurück. Bestimmte Spurengase in der Atmosphäre – die Treibhausgase – besitzen aber eine Absorptionsfähigkeit. Das bedeutet, sie lassen das einfallende Sonnenlicht durch, nehmen jedoch ein Teil der Rückstrahlung der Erde auf. Diese Gase, die in ihrer natürlichen Konzentration nur rund drei Promille der Masse der Atmosphäre ausmachen, verhindern die Wärmerückstrahlung von der Erdoberfläche in das All. Dadurch wird das Temperaturniveau reguliert, auf welchem sich auf der Erde das Gleichgewicht aus zu- und abgeführter Strahlungsenergie einstellt. Erst dieser Prozess macht es möglich, dass auf unserem Planeten statt eisiger Weltraumkälte eine durchschnittliche Temperatur von ca. 15°C herrscht. Ein Wert, der etwa um 30°C über dem Wert liegt, der sich ohne den natürlichen Treibhauseffekt messen ließe. Die wichtigsten Treibhausgase sind das Kohlendioxid (CO_2), das Methan (CH_4), das Ozon (O_3), das Distickstoffoxid (N_2O), der Wasserdampf (H_2O) und die Fluorchlorkohlenwasserstoffe (FCKWs). Diese Gase weisen eine unterschiedliche Treibhauswirkung und eine unterschiedliche Konzentration auf. CO_2 ist mit Abstand das bedeutendste Treibhausgas. Seine Wirkung ist relativ gesehen nicht sehr stark, aber sein Anteil ist überproportional hoch. Darüber hinaus wird diese Schlüsselrolle von der Tatsache gestärkt, dass Kohlendioxid als Nebenprodukt vieler menschlicher Aktivitäten in großen Mengen produziert wird. [LUCH05, S.1]. Durch eine Änderung der Gesamtzusammensetzung der Erdatmosphäre, z. B. durch einen Anstieg der CO_2-Konzentration, kommt es zu einem zusätzlichen Treibhauseffekt, der sich in einem Anstieg der durchschnittlichen Temperatur in den unteren Luftschichten widerspiegelt. Heute geht die Mehrheit der Klimatologen davon aus, dass auf der Erde genau so ein Veränderungsprozess stattfindet. Dieser Prozess wird als Klimawandel bezeichnet. Man konnte nachweisen, dass der CO_2-Gehalt in der Atmosphäre für einen Zeitraum von mehr als 400.000 Jahren Werte im Bereich von 180 ppm bis 280 ppm aufwies und seit dem Beginn der Industrialisierung vor ca. 200 Jahren ein Anstieg um ca. 30% auf 368 ppm im Jahre 2000 zu beobachten ist. [LUCH05, S.2]. In dem gleichen Zeitraum wurde eine globale Erderwärmung von ca. 0,8°C beobachtet. Der neueste Bericht des UN-Klimarates IPCC (Intergovernmental Panel on Climate Change) vom Frühjahr 2007 bestätigt die Prognosen und verschärft die Probleme aus dem vorletzten Bericht von September 2001. Wenn der Anstieg der Konzentration von CO_2 in der Atmosphäre nicht aufgehalten wird, wird sich diese bis zum Jahr 2100 verdreifachen, was eine Erderwärmung von ca. 4,5°C zur Folge haben wird. So eine rasche Klimaänderung gab es noch nie. Diese kann auch nicht mehr als interne Klimavariabilität verstanden werden, die nur durch die schwankende Intensität der Sonnenstrahlung, durch die Verschiebung der Umlaufbahn der Erde oder etwa durch die El-Nino-Effekte erklärt werden kann. Mittlerweile werden wir täglich mit Nachrichten konfrontiert, die unser Klimasystem in ihren Grenzbereichen zeigen. Hochwasser, Waldbrände, Hurrikane, schmelzende Gletscher belegen, dass das Erdklima unaufhaltsam aus dem Gleichgewicht gerät. Es ist bereits klar, dass diese Entwicklung zu einem sehr großen Teil auf menschliche Aktivitäten zurückzuführen ist. Die wichtigste CO_2-Quelle ist die Verbrennung fossiler Brennstoffe, wie Öl, Kohle und Gas, bei der unvermeidbar Kohlendioxid als Kuppelprodukt freigesetzt wird. [FICH07a]. Dieser zusätzliche Treibhauseffekt wird als anthropogener Treibhauseffekt bezeichnet. Das bedeutet, dass der Mensch durch seine Aktivitäten den natürlichen Treibhauseffekt verstärkt.

2.2 Folgen

Heute wird nicht über die Folgen des Klimawandels diskutiert, sondern vielmehr über die Maßnahmen, die diese vermeiden oder mindestens mildern werden. Die globale Erwärmung führt zu sehr komplexen Reaktionen im Klimasystem, die kaum zu überschauen sind. Zahlreiche Studien haben sich Jahre lang mit möglichen Szenarien, mit Simulationen, mit Analysen und Auswertungen beschäftigt. Daraus lassen sich zwei Gruppen von Folgen des Klimawandels zusammenfassend ableiten. Die direkten Folgen weisen einen unmittelbaren Zusammenhang mit der Erderwärmung auf. Die indirekten dagegen spiegeln die Konsequenzen der direkten Folgen wider. Als direkte Folgen können beispielsweise eine Häufung von Naturkatastrophen - Hochwasser, Dürren, Hitzewellen, Hurrikane sowie Wasserarmut, Bodenerosion, Veränderung der Wind- und Meeresströmungen und Anstieg der Meeresspiegel durch Packeisschmelze genannt werden. Daraus lassen sich einige indirekten Folgen ableiten:

- Die Zahl der Umweltflüchtlinge, Menschen deren Lebensgrundlage durch die Folgen der Klimaänderung zerstört wird, wird weltweit stark zunehmen. [LEVlo5, S.25].

- Konflikte werden durch Verknappung von Ressourcen wie Trinkwasser oder fruchtbare Böden vorprogrammiert. [LEVlo5, S.25].

- Steigende Gesundheitsgefährdung und Mortalität infolge von Wassermangel und Epidemien sowie Ausbreitung von tropischen Krankheiten. [UNEPo1, S.2].

- Volkswirtschaftliche Schäden werden durch die erhöhte Häufigkeit von Umweltkatastrophen deutlich ansteigen. Diese werden auf jährlich 100 Milliarden Dollar geschätzt und die Prognose für das nächste Jahrzehnt liegt bei 150 Milliarden Dollar. [UNEPo1, S.2].

- Schäden aus Unternehmenssicht werden zum einen unmittelbar aus Umweltkatastrophen und zum anderen aus Veränderungen der Wettbewerbsbedingungen durch klimaschutzorientierte Staatseingriffe entstehen. [LEVlo5, S.28f].

Die Folgen des Klimawandels sind so vielfältig, dass man sie kaum sinnvoll systematisieren und aufzählen kann. Wären diese überschaubar und handhabbar, könnten wir uns darauf vorbereiten und den Klimawandel einfach auf uns zukommen lassen. Dies zeigt wie komplex dieses Problem bleibt und wie wichtig ein Gegenlenken ist. Die Klimamodellrechnungen verdeutlichen, dass zur Stabilisierung des bestehenden CO_2-Niveaus eine sofortige weltweite Reduktion der Emissionen auf rund 20% des heutigen Wertes erforderlich ist. Selbst dann wird es Jahrhunderte dauern, bevor ein neues stabiles Gleichgewicht erreicht ist.

3. Entstehung des CO_2-Marktes

3.1 Historische Entwicklungen

Die Politik hat bereits in den 80er Jahren des vergangenen Jahrhunderts erahnt, dass das Problem Klima bald nicht mehr weg zu reden sein wird. Mit vielen nationalen und internationalen Maßnahmen hat man versucht dieses Thema in die Öffentlichkeit zu bringen und aus der Umweltpolitik ein wichtiges Wahlkampfinstrument gemacht. Doch es wurde schnell erkannt, dass hinter den Aufrufen von Green Peace und WWF ein Aufgabengebiet entsteht, dessen Erschließung die Existenz der Menschheit beeinflussen wird. Heute weiß man, dass direkte Staatseingriffe in der Form von ex post Kontrollmaßnahmen nicht ausreichen werden, um dass Klimaproblem zu lösen. Eine ex ante Kontrolle sowie ein neues Umweltbewusstsein in Politik, Industrie und Gesellschaft müssen entwickelt werden. Der Hoffnungsträger heißt Emissionshandel. Der erste Meilenstein der internationalen Klimaschutzpolitik wird 1992 mit der Klimarahmenkonvention gelegt. Dieses mittlerweile von 186 Staaten ratifizierte Abkommen hat zum Ziel, die Stabilisierung der Treibhausgaskonzentrationen in der Atmosphäre auf einem Niveau zu erreichen, auf dem eine gefährliche anthropogene Störung des Klimasystems verhindert wird. Ein solches Niveau sollte innerhalb eines Zeitraumes erreicht werden, der ausreicht, damit sich die Ökosysteme auf natürliche Weise den Klimaveränderungen anpassen können, die Nahrungsmittelerzeugung nicht bedroht wird und die wirtschaftliche Entwicklung auf nachhaltige Weise fortgeführt werden kann. [UNRA92]. Bereits bei dem Inkrafttreten der Klimarahmenkonvention 1994 war erkannt worden, dass die unverbindlichen Verpflichtungen im Rahmen des Übereinkommens nicht ausreichen werden, um dem weltweiten Anstieg der Treibhausgasemissionen entgegenzuwirken. Am 11. Dezember 1997 gingen die Regierungen einen Schritt weiter und nahmen bei der 3. Conference of Parties im japanischen Kyoto ein Protokoll zum Rahmenübereinkommen über Klimaänderungen an. Die Bundesregierung bezeichnet dieses Protokoll als einen Meilenstein im globalen Klimaschutz mit bedeutender umwelt-, energie- und entwicklungspolitischer Wirkung, ein beispielhaftes Sanktionsregime und ein neues marktwirtschaftliches Instrument. [BUND02, S.311]. Das Kyoto-Protokoll schreibt zum ersten Mal konkrete und rechtsverbindliche Reduktionsziele für Treibhausgasemissionen für die Länder aus der Klimarahmenkonvention fest. Industrie- und Transformationsländer, auch Annex-B-Staaten genannt, verpflichten sich im ersten

Verpflichtungszeitraum von 2008 bis 2012 ihre durchschnittlichen jährlichen Emissionen an klimarelevanten Gasen um mindestens 5,2% gegenüber dem Stand von 1990 zu senken. Um das allgemeine Reduktionsziel zu erreichen, hat sich die EU und damit auch Deutschland verpflichtet, im vereinbarten Zeitraum die Treibhausgasemissionen um 8% zu reduzieren. Europaweit ist Deutschland mit Abschluss des so genannten Burden Sharing Agreement (Lastenverteilungsplan) sogar eine noch höhere Reduktionsverpflichtung eingegangen. Die Last des aus dem Kyoto-Protokoll für die EU bestehenden Minderungsziels wird durch diese Vereinbarung entsprechend der ökonomischen Entwicklung der Mitgliedstaaten in unterschiedlichem Umfang auf diese verteilt. Für Deutschland bedeutet dies konkret ein Reduktionsziel von 21% bezogen auf die Emissionen von 1990. Zum Vergleich verpflichtet sich Frankreich eine Reduzierung von 0,0% zu erzielen, Großbritannien − 12,5%, Luxemburg − 28%. Wie das Reduktionsziel erreicht werden soll, überlässt das Kyoto-Protokoll grundsätzlich den einzelnen Vertragsstaaten. Das Abkommen sieht jedoch so genannte flexible Mechanismen vor, die die internationale Grundlage für eine Emissionsreduktion bilden und auf die alle Länder ihre Umweltpolitik aufbauen sollen. Dies sind die projektbezogenen Mechanismen Joint Implementation und Clean Development Mechanism sowie der internationale Emissionshandel.

Joint Implementation (JI):

JI-Projekte sind Maßnahmen in anderen Industrieländern, für die ebenfalls quantitative Emissionsziele im Rahmen des Kyoto-Protokolls gelten. Die so genannten Annex-B-Staaten der Klimakonvention können Projekte gemeinsam mit anderen Annex-B-Staaten durchführen, womit sich zusätzliche Emissionsreduktionen in dem Land ergeben, in dem das Projekt realisiert wird. Diese Reduktionen können dann auf das Reduktionsbudget des Landes aufgeschlagen werden, das das Projekt finanziert. [FICH07b].

Clean Development Mechanism (CDM):

CDM-Projekte sind Maßnahmen in Entwicklungsländern für die keine quantifizierten Emissionsreduzierungsziele gelten. Industriestaaten können Emissionsminderungsprojekte gemeinsam mit Entwicklungsländern durchführen und die dabei generierten Emissionsreduktionen auf ihr Emissionsbudget gutschreiben lassen. [FICH07b].

Emissionshandel:

Der internationale Emissionshandel erlaubt Staaten untereinander Emissionsrechte zu kaufen und zu verkaufen. Damit haben Annex-B-Staaten, die ihre Emissionen unter der ihnen zugeteilten Menge reduzieren, die Möglichkeit nicht benötigte Zertifikate an andere Vertragsparteien des Kyoto-Protokolls zu verkaufen. Im Gegenzug können Staaten, die zusätzliche Emissionsberechtigungen benötigen, diese über den Handel dazukaufen. Somit haben Industriestaaten mit wachsenden Emissionen die Möglichkeit, ihre Verpflichtung zu einer Treibhausgasausstoßbegrenzung einzuhalten, indem sie Rechte von anderen Ländern kaufen, in denen die Emissionen gemindert wurden oder aus anderen Gründen gesunken sind. [FICH07b].

Das Kyoto-Protokoll ist die Geburtsstunde des Emissionshandels und gleichzeitig der Grundstein eines globalen CO_2-Marktes. Das Abkommen sieht jedoch vor, dass dieser Handel erst im Jahr 2008 seine ersten Schritte machen soll. Bis dahin sollen alle Staaten sich darauf vorbereiten und die nötigen institutionellen und organisatorischen Vorkehrungen treffen.

3.2 Emissionshandelsrichtlinie der EU

Die Antwort der EU auf das Kyoto-Protokoll ist die europäische Emissionshandelsrichtlinie. Die Richtlinie 2003/87/EG ist die rechtliche Grundlage für einen europaweiten Handel mit Treibhausgasemissionszertifikaten. Die EU hat bereits im Jahr 2000 im Rahmen des Europäischen Programms zur Klimaveränderung und mit ihrem Grünbuch deutlich gemacht, dass der Emissionshandel eine Möglichkeit ist, im Vergleich zu vorhandenen fiskalpolitischen Instrumenten Emissionsreduktionen möglichst kostengünstig zu erreichen. Die Richtlinie vom 25. Oktober 2003 definiert die Rahmenbedingungen für den europaweiten Emissionshandel auf Unternehmensebene. Sie verpflichtet alle Mitgliedsstaaten das vorgesehene System zu etablieren und bereits bestehende Handelssysteme anzupassen. Zu der Teilnahme am Emissionshandel werden Anlagen aus der Energiewirtschaft und der energieintensiven Industrie verpflichtet. Der Startschuss für den Emissionshandel wurde am 1. Januar 2005 gegeben und bezieht über 12.000 energieerzeugende und energieintensive Anlagen ein, die nahezu die Hälfte der CO_2-Emissionen Europas verursachen. Weitere Branchen wie die Aluminiumhersteller, die chemische Industrie und der Verkehrssektor werden möglicherweise später einbezogen werden. [FICH07c]. Die Emissionshandelsrichtlinie sieht zunächst zwei Handelsperioden vor – 2005/2007 und 2008/2012. Zwar stellt das Kyoto-

Protokoll für den ersten Zeitraum noch keine Reduktionsverpflichtungen, doch in der EU erwartet man durch die vorgezogene Einführung und mit den daraus gesammelten Erfahrungen einen Vorsprung und einen vertrauteren Umgang mit dem System beim Beginn der Verpflichtungsperiode 2008. Anfangs werden aus Praktikabilitätsgründen nur Kohlendioxid-Emissionen behandelt. Diese bilden mit einem Anteil von 80% den größten Block unter allen Treibhausgasen. Gegenstand des Handels ist das Emissionszertifikat. Ein Zertifikat berechtigt seinen Inhaber zur Emission von einer Tonne Kohlendioxidäquivalent in einem bestimmten Zeitraum. Jede Anlage ist verpflichtet, bis spätestens 30.April eines jeden Jahres eine Anzahl von Zertifikaten abzugeben, die den Gesamtemissionen der Anlage im vorhergehenden Jahr entspricht. Zur Erfüllung dieser Verpflichtung kann jedes Zertifikat vorgelegt werden, auch eins, das durch einen anderen Mitgliedstaat vergeben wurde. Die Richtlinie besagt, dass jedes EU-Land für die jeweilige Handelsperiode einen nationalen Zuteilungsplan (NAP) aufzustellen hat. Dieser Plan muss bestimmte Transparenzkriterien erfüllen und klar stellen, wie viele Zertifikate der jeweilige Mitgliedstaat zuzuteilen beabsichtigt und welche Verteilung der Gesamtmenge auf die einzelnen Anlagen geplant ist. Die Emissionszertifikate müssen in der 1. Handelsperiode zu mindestens 95% und in der zweiten Handelsperiode zu mindestens 90% kostenlos verteilt werden. Andere Vorgaben werden von EU-Seite nicht gemacht. Somit räumt die Richtlinie den Mitgliedsstaaten einen weiten Gestaltungsspielraum ein, was zunächst auf große Kritik stößt, da dadurch Wettbewerbsverzerrungen auf dem EU-Binnenmarkt vermutet werden. Zur Durchführung des Handels müssen auf nationaler Ebene Register eingeführt werden, die öffentlich zugänglich und in Konten unterteilt sind. Für jede Person, die Inhaber von Emissionsberechtigungen ist, ist ein Konto zu führen, auf dem alle Bewegungen verbucht werden. Die Richtlinie definiert auch Überwachungs- und Berichterstattungskriterien für die Anlagen. Um die Erfüllung der individuellen Minderungsverpflichtungen der zur Teilnahme am Emissionshandel verpflichteten Unternehmen zu garantieren, sieht die Richtlinie ein Sanktionssystem vor. Für jede ausgestoßene Tonne CO_2, für die ein Unternehmen keine Zertifikate vorlegen kann, wird ein Bußgeld in Höhe von 40 Euro in der ersten und 100 Euro in der zweiten Handelsperiode erhoben. Dazu müssen die fehlenden Zertifikate nachträglich abgegeben werden. Zusätzlich werden die Namen der Unternehmen, die ihrer Minderungsverpflichtungen nicht nachkommen, auf dem Internetauftritt der EU veröffentlicht. [ELSP06, S.29-42].

3.3 Nationale Umsetzung der Emissionshandelsrichtlinie

In einer europäischen Richtlinie werden ein zu erreichendes Ziel sowie die Rahmenbedingungen für den Weg zur Zielerreichung vorgegeben, die konkrete Gestaltung der Problemlösung wird den einzelnen Mitgliedsstaaten überlassen. Daher müssen europäische Richtlinien durch die einzelnen Staaten in nationales Recht umgesetzt werden. Dadurch hat der nationale Gesetzgeber die Freiheit den konkreten Weg der Zielerreichung selbst zu bestimmen. Zur Umsetzung der Emissionshandelsrichtlinie in deutsches Recht mussten folgende Gesetze und Verordnungen erlassen werden. [ELSP06, S.43].

- Treibhaus-Emissionshandelsgesetz – TEHG
- Zuteilungsgesetz 2007 – ZuG 2007
- Projekt-Mechanismen-Gesetz - ProMechG
- Zuteilungsverordnung 2007 – ZuV 2007
- Emissionshandelskostenverordnung 2007 – EHKostV 2007

3.3.1 Treibhausgas-Emissionshandelsgesetz (TEHG)

Das am 15.Juli 2004 in Kraft getretene TEHG enthält die primären Regelungen zur Umsetzung der europäischen Emissionshandelsrichtlinie. Das Gesetz schafft in Deutschland die Voraussetzungen für das im Jahr 2005 startende europaweite Emissionshandelssystem. Es regelt die grundlegenden Strukturen der nationalen Umsetzung des Emissionshandels - Genehmigung, Emissionsberichte und Überwachung, Verfahren für den Allokationsplan und die Zuteilung, Verwaltung und Handel der Zertifikate, sowie Sanktionen. Außerdem ermächtigt das Gesetz die Bundesregierung zum Erlass von konkretisierenden Rechtsverordnungen. Die Inhalte der TEHG orientieren sich im hohen Maße an der Emissionshandelsrichtlinie der EU.

Geltungsbereich

Im ersten Abschnitt des Gesetzes wird sein Geltungsbereich definiert. Dieser umfasst den Ausstoß des Treibhausgases Kohlendioxid und die Anlagen der Energiewirtschaft und der energieintensiven Industrie, deren Produktions- und Leistungskapazitäten die Grenzwerte der EU-Richtlinie übersteigen. In Deutschland werden dadurch ca. 1.850 Anlagen der Makrosektoren Energiewirtschaft und Industrie zur Teilnahme am Emissionshandel verpflichtet. [ELSP06, S.46].

Genehmigung, Emissionsüberwachung, Emissionsbericht

Der zweite Abschnitt sieht vor, dass ab dem 1.Januar 2005 jeder Anlagen-betreiber für die Emission von CO_2 durch den Betrieb einer vom Geltungsbereich der TEHG erfassten Anlage einer Genehmigung bedarf. Außerdem wird jeder Betreiber dazu verpflichtet die Emissionen seiner Anlage zu überwachen und jährlich einen Emissionsbericht zu erstellen. Dieser Bericht ist durch eine sachverständige Stelle zu begutachten und bis zum 1.März des Folgejahres der zuständigen Behörde vorzulegen. Diese prüft stichprobenartig die Berichte und leitet sie bis zum 31.März dem Umweltbundesamt weiter. Das Amt kann dann überprüfen, ob ein Anlagebetreiber bis zum 30.April eine den Emissionen im vergangenen Jahr entsprechende Anzahl von Berechtigungen abgegeben hat. Liegt kein ordnungsgemäßer Bericht vor, wird das Konto des Verantwortlichen für Übertragung von Berechtigungen an Dritte gesperrt. Somit ist bis zur Aufhebung der Kontosperrung, die nach Vorlage eines vollständigen Be-richtes erfolgt, ein Handel mit Berechtigungen praktisch nicht möglich. [ELSP06, S.47ff].

Berechtigungen und ihre Zuteilung

Die Emissionsberechtigung auch Emissionszertifikat genannt, ist im TEHG analog zu der EU-Emissionsrichtlinie definiert. Sie gibt jedem Betreiber einer Anlage mit Emissionsgenehmigung das Recht zur Emissi-on einer Tonne CO_2 innerhalb eines bestimmten Zeitraumes. Hier sieht man schnell, dass der Gesetzgeber streng zwischen einer Genehmigung und einer Berechtigung unterscheidet. Während die Genehmigung regelt, ob eine Anlage CO_2 ausstoßen darf, wird durch die Anzahl der ausgege-benen Berechtigungen festgelegt, wie viel CO_2 diese Anlage emittieren darf. Außerdem ist eine Berechtigung handelbar, während eine Geneh-migung einer Anlage fest zugeordnet ist. Damit jedoch ein Handel mit Berechtigungen ermöglicht wird, müssen diese an die am Emissions-handel teilnehmenden Anlagen nach Maßgabe des Gesetzes über den nationalen Zuteilungsplan für die erste Handelsperiode (ZuG 2007) ver-teilt werden. Voraussetzung für die Zuteilung ist ein Anspruchantrag seitens des Anlagenbetreibers, der bis zum 31. März eines jedes Jahres der zuständigen Behörde zu stellen ist. [ELSP06, S.50].

Abgabe der Berechtigungen

Nach der Zuteilung der Berechtigungen an die Anlagenverantwortlichen ist jeder von diesen nach § 6 Abs.1 TEHG verpflichtet, bis zum 30.April ei-nes jeden Jahres, bei der zuständigen Behörde eine Anzahl von Berechti-gungen abzugeben, die den durch seine Tätigkeit im vorangegangenen Kalenderjahr emittierten Emissionen entspricht. Die Emissionsmenge ergibt sich aus dem Emissionsbericht, der bis zum 31. März dem Umweltbundesamt abzugeben ist. Kommt ein Verantwortlicher dieser Verpflichtung nicht nach, wird sein Name im Bundesanzeiger veröffentlicht und er hat für jede Tonne CO_2, für die er keine Berechtigung abgegeben hat, eine Geldbuße von 40 Euro in der ersten Zuteilungsperiode und 100 Euro in den späteren Zuteilungsperioden zu zahlen. Die Zahlung der Geldbuße erfüllt aber nicht die Abgabenpflicht. Der Betreiber bleibt weiterhin verpflichtet, die fehlenden Berechtigungen bis zum 30. April des Folgejahres vorzulegen. Die Abgabepflicht wird jedoch durch zwei Umstände erleichtert. Zum einen besteht die Möglichkeit zum Banking von Berechtigungen. Da diese für eine komplette Zuteilungsperiode gelten, d. h. von Januar 2005 bis Dezember 2007, können im ersten Jahr der Zuteilungsperiode ausgegeben Zertifikate angespart und für die Emissionsabdeckung in den nächsten Jahren dieser Zuteilungsperiode verwendet werden. Die zweite Erleichterung bietet das Borrowing an. Diese ergibt sich daraus, dass vor der Abgabe der Berechtigungen für das vergangene Jahr bereits die Berechtigungen für das laufende Jahr verteilt worden sind. [ELSP06, S.51].

Handel mit Berechtigungen

Wenn die zugeteilten Zertifikate ausgegeben worden sind, können sie frei gehandelt werden. Das bedeutet, dass ein Anlagenbetreiber der innerhalb eines Abrechnungsjahres weniger Treibhausgase emittiert als ihm an Berechtigungen zugeteilt wurde, die nicht benötigten Berechtigungen zum Marktpreis an jeden beliebigen Dritten verkaufen und somit zusätzliche Einnahmen erzielen kann. Andererseits kann ein Anlagenbetreiber, der mehr CO_2 emittiert, als seine zugeteilten Berechtigungen erlauben, Emissionsberechtigungen über den Emissionshandel zukaufen. Darüber hinaus kann jedermann, also nicht nur Anlagenbetreiber, mit Berechtigungen handeln. Das heißt, natürliche und juristische Personen können frei Berechtigungen unter Ausnutzung der Marktpreisschwankungen kaufen und verkaufen. [ESLP06, S.52].

Deutsche Emissionshandelsstelle (DEHSt)

Als die im Sinne der TEHG zuständige Behörde wird 2004 die Deutsche Emissionshandelsstelle als Fachbereich des Umweltbundesamtes eingerichtet. Die DEHSt ist somit die zentrale Anlaufstelle für die deutschen Unternehmen, deren Anlagen dem EU-Emissionshandel unterliegen. Darüber hinaus ist sie Kontaktstelle für das Bundesumweltministerium, für die Bundesländer und für alle Handelsplattformen. Die zentralen Aufgaben werden wie folgt definiert:

- Zuteilung und Ausgabe der Emissionsberechtigungen
- Prüfung der Emissionsberichte, gegebenenfalls Sanktionsverhängung
- Kontomanagement für alle nationalen Anlagen- und Handelskonten
- Nationale und internationale Berichterstattung
- Internationale Zusammenarbeit mit der EU und dem UN-Klimasekretariat
- Mitwirkung bei der Erstellung künftiger nationaler Allokationspläne
- Mitwirkung bei der künftigen Integration weiterer Kyoto-Mechanismen

Die DEHSt ist die zentrale Serviceeinrichtung für die am Emissionshandel beteiligten Akteure. Sie bietet aber keine Handelsplattform an. Diese Aufgabe wird bewusst der Privatwirtschaft überlassen. [FICH07d].

3.3.2   Zuteilungsgesetz 2007 (ZuG 2007)

Das Zuteilungsgesetz legt die nationalen Ziele für die Emission von CO_2 und die Regeln für die Zuteilung und Ausgabe von Berechtigungen an die Anlagenbetreiber, die nach TEHG am Emissionshandel teilnehmen müssen, für die erste Zuteilungsperiode 2005-2007 fest. Das Gesetz baut auf den Nationalen Allokationsplan 2005-2007 (NAP1) auf. Die EU-Emissionsrichtlinie verpflichtet alle Mitgliedstaaten, bis zum 31. März 2004 Nationale Allokationspläne zu veröffentlichen und diese der EU-Kommission sowie den übrigen Mitgliedstaaten vorzulegen. Aus dem Nationalen Allokationsplan muss hervorgehen, wie viele Emissionszertifikate der Mitgliedstaat im Dreijahreszeitraum von 2005 bis 2007 insgesamt zuzuteilen beabsichtigt und wie diese Zertifikate auf die Anlagen verteilt werden sollen. Dies wird im NAP über einen Makroplan und einen Mikroplan abgewickelt.

Der Makroplan

Der Makroplan legt zum einen das nationale Emissionsbudget, das auf alle Industriezweige verteilt wird, und zum anderen die Gesamtzahl der zuzuteilenden Zertifikate fest. Das konkrete Ziel in Deutschland ist eine Reduzierung der Emissionen von Treibhausgasen in der Periode 2008-2012 um 21% gegenüber 1990. Wie dem nationalen Emissionsinventar 2003 von dem Umweltbundesamt zu entnehmen ist, lagen die Treibhausgasemissionen im Basisjahr bei 1218,2 Mio. Tonnen CO_2-Äquvalenten. Der aktuelle Nationale Allokationsplan bezieht sich zunächst auf die Periode 2005-2007. Das verfügbare Emissionsbudget wird für die erste Handelsperiode auf 982 Mio. Tonnen CO_2-Äquivalente pro Jahr festgelegt. Man muss jedoch berücksichtigen, dass sich der Emissionshandel zunächst nur auf CO_2-Emissionen bezieht. Für die Nicht-CO_2-Emissionen wird für diese Periode ein Wert von 123 Mio. Tonnen CO_2-Äquivalente prognostiziert, so dass das Emissionsbudget für die CO_2-Emissionen 859 Mio. Tonnen pro Jahr beträgt. Darüber hinaus ist der Emissionshandel auf die Sektoren Energiewirtschaft und Industrie beschränkt. Somit sind die Emissionen von Verkehr, Haushalten und Handel der Gesamtmenge abzuziehen. Zum Schluss beträgt das von dem Emissionshandel abzudeckende Budget 503 Mio. Tonnen CO_2 pro Jahr. [ELSP06, S.56f].

Der Mikroplan

Die zweite Ebene des NAP bildet der Mirkoplan. Dieser legt fest, nach welchen Methoden, Regeln und Kriterien die Allokation auf Anlagenebene vorgenommen wird und welche Zuteilungsmenge sich hieraus für die einzelnen Anlagen ergibt. Ein wichtiges Instrument dieser Ebene ist der Erfüllungsfaktor. Dessen Aufgabe ist es, einen Einklang zwischen Emissionsbudget und tatsächlichen Emissionen herzustellen. Für die erste Zuteilungsperiode wurde der Faktor auf 0,9709 festgesetzt. Dies bedeutet, dass Anlagen eine Menge von Emissionsberechtigungen erhalten, die 2,9% niedriger als die Emissionen in der Basisperiode sind. [ELSP06, S.58]. Die Grundregeln der Zuteilung unterscheiden zwischen am 1. Januar 2005 bestehenden und danach neu erbauten Anlagen. In der Gruppe der bestehenden Anlagen wird noch einmal nach dem Datum 1. Januar 2003 differenziert. Erfolgte die Inbetriebnahme vor dem 1. Januar 2003, werden die Emissionsberechtigungen unter Berücksichtigung des allgemeinen Erfüllungsfaktors auf Basis historischer Emissionen zugeteilt. Dieses Verfahren wird auch Grandfathering genannt. Für Anlagen die im Zeitraum 1. Januar 2003 - 31. Dezember 2004 in Betrieb genommen worden sind, erfolgt die Zuteilung wieder unter Berücksichtigung des allgemeinen Erfüllungsfaktors, aber auf Basis angemeldeter und nicht historischer Emissionen. Bei Neuanlagen, die nach 1. Januar 2005 erbaut worden sind, kommt es darauf an, ob die Anlage eine bestehende Anlage ersetzt oder zusätzlich errichtet worden ist. Im Falle eines Ersatzes bekommt die Neuanlage 4 Jahre lang die der Altanalge zugestandenen Berechtigungen zugeteilt und für weitere 14 Jahre erfolgt die Zuteilung auf Basis historischer Emissionswerte. Diese Regelung hat zum Ziel, einen Anreiz zum Ersatz ineffizienter Altanlagen zu schaffen. Liegt kein Ersatz vor, wird das Benchmarking-Prinzip angewandt. Danach erfolgt die Zuteilung 14 Jahre lang anhand der spezifischen Produktionsemissionen und

der erwarteten Produktionsmenge ohne Berücksichtigung des Erfüllungsfaktors. Für einige Konstellationen hat der Gesetzgeber besondere
Zuteilungsregeln vorgesehen. Diese sollen Nachteile bei frühzeitigen
Emissionsminderungen (Early Action) und bei prozessbedingten Emissionen reduzieren sowie Investitionen in Kraft-Wärme-Kopplung-Anlagen
und Stilllegung von Kernkraftwerken fördern. Nach dem die Europäische
Kommission den NAP1 als richtlinienkonform akzeptiert hat, wurde auf
dessen Basis der Entwurf für das Zuteilungsgesetz 2007 erstellt. Das
ZuG2007 trat am 1. September 2004 in Kraft. [ELSP06, S.59f].

3.3.3   Projekt-Mechanismen-Gesetz (ProMechG)

Mit der Verabschiedung des Projekt-Mechanismen-Gesetzes (ProMechG)
wurde die Linking Directive in deutsches Recht umgesetzt. Die Linking
Directive verknüpft den Emissionshandel mit projektbezogenen Mechanismen. Wie Art.1 des Gesetzes definiert wird, ist ProMechG ein Gesetz
zur Einführung der projektbezogenen Mechanismen aus dem Kyoto-
Protokoll, zur Umsetzung der Richtlinie 2004/101/EG1 und zur Änderung
des Kraftwärme-Kopplungsgesetzes. Das ProMechG normiert die
wesentlichen Vorschriften für die Teilnahme deutscher Unternehmen an
JI- und CDM-Klimaschutzprojekten und definiert die Zeitpunkte, ab
denen Emissionsberechtigungen aus Emissionsminderungsprojekten
abgabefähig sind. Danach sind in der ersten Handelsperiode lediglich
CDM-Emissionsgutschriften ohne Obergrenze anrechenbar. Gutschriften
aus JI-Projekten werden dagegen erst in der zweiten Handelsperiode
abgebbar, allerdings nur bis zur einer Obergrenze von 12% der anlagen-
spezifischen Gesamtemissionen. [ZENK06, S.19].

3.3.4   Zuteilungs- und Emissionshandelskostenverordnung

Die zwei vom Gesetzgeber erlassenen Verordnungen regeln den Zutei-
lungs- und Abgabeprozess im Detail. Die Zuteilungsverordnung 2007
schreibt die Einzelheiten des Zuteilungsverfahrens, insbesondere Art und
Form der notwendigen Anträge, Nachweise und Unterlagen vor, und bestimmt Berechnungsverfahren der Berechtigungszuteilung näher. Die
Emissionshandelkostenverordnung 2007 legt die Gebühren und die zu
erstattenden Auslagen für Amtshandlungen fest, diese sind in einem Ge-
bührenverzeichnis zusammengefasst. [ELSP06, S.63].

3.4 Zusammenfassung

Das Inkrafttreten der europäischen Richtlinie über den Handel mit Treib-
hausgaszertifikaten und ihrer Umsetzung in nationales Recht leitet für die
energieintensiven Unternehmen Europas eine neue Ära ein – „a carbon-
constrained world" – die Welt der begrenzten CO_2-Möglichkeiten. Die
betroffenen Unternehmen stehen vor einer neuen Herausforderung, welche in der bewussten und zielgerichteten Steuerung der CO_2-Emissionen
liegt. Mit dem Startschuss für den europaweiten CO_2-Markt werden vier
neue Tätigkeitsfelder und Aufgabenbereiche im Unternehmen erzwungen, die es zu erschließen und zu managen gilt [MARC05, S.117]:

- die Erfüllung der Administrativen Auflagen,
- das Anstreben von Emissionsverminderung,
- die Mitberücksichtigung von Emissionskosten in Planung und
  Optimierung,
- die Beschaffung und Veräußerung von Emissionszertifikaten mit
  den Zielen Risikobegrenzung und Kostenminimierung.

Für diejenigen, die die Herausforderung anzunehmen bereit sind, eröffnet
sich ein turbulentes und sehr kreatives Geschäftsfeld, in dem First Movers
sich sehr wahrscheinlich einen Wettbewerbsvorteil erarbeiten können. Es
wird erwartet, dass der EU-Emissionshandelmarkt bald zu einen ernstzu-
nehmendem Business wachsen wird, an dem kaum ein Unternehmen aus
der Energiebranche und der energieintensiven Industrie vorbeikommen
wird. [MARC05, S.134].

4. Emissionshandel in der Praxis

4.1 Funktionsweise des Emissionshandels

Der Emissionshandel erweist sich als ein sehr simples Instrument, das auf dem Cap-and-Trade-Verfahren basiert. Seiner Anwendung genügen lediglich drei Schritte. Der erste Schritt besteht darin, eine Obergrenze (Cap) für die insgesamt zulässige Emissionsmenge zu bestimmen. Konkret bedeutet dies, ein Subziel für die vom CO_2-Handel erfassten Anlagen zu definieren, das aus dem gesamtwirtschaftlichen Klimaschutzziel – Minderung der Treibhausgase um 21% im Zeitraum 2008 bis 2012 gegenüber 1990 – abgeleitet wird. Diese Emissionsmenge ist im zweiten Schritt auf die einzelnen Emittenten in der Form von Emissionsberechtigungen aufzuteilen. Damit ein transparenter und liquider Markt zustande kommt und Wettbewerbsbarrieren verhindert werden, muss ein gesetzlicher und ordnungspolitischer Rahmen geschaffen werden, der reibungslos funktionierende Prozesse sicherstellt. Der dritte Schritt besteht darin den Handel mit den zugeteilten Emissionsberechtigungen (Trade) frei zu geben. Danach wird der Anpassungsprozess dem Marktmechanismus überlassen. Ob, wo, wann, wie und wie viele Emissionen vermieden werden, entscheidet sich aus dem Vergleich der spezifischen Vermeidungskosten vor Ort mit dem am Markt herrschenden Preis für Emissionszertifikate. Liegt dieser Preis über den spezifischen Vermeidungskosten, sind Emissionsvermeidungsmaßnahmen ökonomisch sinnvoll. Im umgekehrten Fall kann ein Emittent Emissionsrechte am Markt kaufen und auf diesem Wege seinen Verpflichtungen aus dem Nationalen Allokationsplan nachkommen. [SCHA05, S.65]. Im Unterschied zu den traditionellen Instrumenten, die einheitliche Anforderungen festlegen, ohne die spezifischen Kosten jedes Unternehmens zu beachten, schafft es der Emissionshandel Emissionsminderungsmaßnahmen dort zu erzwingen, wo es am kostengünstigsten ist. Nur aus diesem Vergleich erschließt sich die ökonomische Vorteilhaftigkeit des Emissionshandels. [vgl. MICH90, S.176]. So schätzt die EU den gesamteuropäischen Kostenvorteil auf rund 2,4 Mrd. Euro pro Jahr im Vergleich zu alternativen Instrumenten. Die Prognose für Deutschland liegt zwischen 250 und 550 Mio. Euro, für eine Zertifikatpreisspanne zwischen 5 Euro pro Tonne und 30 Euro pro Tonne. Der Emissionshandel schöpft auf diesem Wege Kostendifferenzen zwischen verschiedenen Quellen anlagen-, branchen- und grenzüberschreitend aus. Dies führt zu optimaler Allokation knapper Ressourcen sowohl auf einzel- als auch auf gesamtwirtschaftlicher Ebene. [SCHA05, S.66]. Soweit die Theorie. In der Praxis besteht die Herausforderung darin, das System so zu gestalten, dass die ökologische Integrität gewahrt bleibt, der Umsetzungsmechanismus schlank und unbürokratisch funktioniert und die Transaktionskosten möglichst gering gehalten werden können. Dabei müssen makroökonomische Restriktionen wie Beschäftigung, Preisniveaustabilität, angemessenes Wirtschaftswachstum, Wettbewerbskonformität berücksichtigt werden.

4.2 Marktstruktur und Marktplätze

Im Rahmen des Emissionshandelssystems Europas werden zurzeit lediglich zwei Emissionszertifikate gehandelt. Der Markt umfasst zum einen die EU-Allowances (EUAs), die den Anlagenbetreibern in Europa jährlich von den nationalen Behörden zugeteilt werden und zum anderen die Certified Emission Reductions (CERs), die aus genehmigten CDM-Projekten entstandene Emissionsberechtigungen darstellen. Der Handel mit den restlichen gemäß Kyoto-Protokoll existierenden Berechtigungsarten

- Emission Reduction Units (ERU): Berechtigungen aus JI-Projekten,
- Assigned Amount Units (AAU): Berechtigungen aus anderen Ländern,
- Removal Units (RMU): Berechtigungen aus Senkenprojekten,
- Verified Emission Reductions (VER): Berechtigungen aus noch nicht genehmigten Emissionsminderungsprojekten,

beginnt erst in der zweiten Handelsperiode oder wird nur unter Staaten im Rahmen des internationalen Emissionshandelssystems betrieben. [ZENK06, S.45].

Als Marktteilnehmer sind drei Wirtschaftsgruppen zu erwarten. Die erste Gruppe umfasst die Unternehmen, die verpflichtet sind am Emissionshandel teilzunehmen. Die ersten Akteure des Marktgeschehens kamen aus der Energiewirtschaft. Diese haben auf ihre Erfahrungen im Umgang mit Handelsinstrumenten aus den Energiehandelsstrukturen aufbauen können und auf Erkenntnisse aus ihren bereits getesteten internen Emissionshandelssystemen zurückgreifen können. [ELSP06, S.466f]. Die zweite Gruppe der Marktteilnehmer setzt sich aus Unternehmen des Finanzdienstleistungssektors zusammen. Diese Gruppe umfasst Banken, Broker und Versicherungen, die im Emissionshandel ein neues Betätigungsfeld sehen. Sie bieten Finanzprodukte und Vertragsabwicklungslösungen an, die aus dem Finanzmarkt abgeleitet und den Bedürfnissen des Emissionshandels zugeschnitten werden. Diese Teilnehmer können zum einen als Vermittler zwischen Käufer und Verkäufer fungieren und zum anderen direkt als Käufer oder Verkäufer agieren. Für Banken besteht zudem die Möglichkeit Emissionsreduzierungsprojekte im Rahmen der Joint Implementation und Clean Development Mechanismen zu finanzieren sowie selbst durchzuführen. Die Versicherungsunternehmen können außerdem auf den Emissionshandel zugeschnittene Haftungs- und Versicherungsprodukte anbieten. [SCHE03, S.117f]. Die dritte Gruppe erschließt natürliche und juristische Personen, die sich freiwillig am Emissionshandel beteiligen und nicht dem Finanzdienstleistungssektor zuzuordnen sind. Dazu gehören Investoren mit Spekulationszielen. Diese pflegen die Hoffnung auf steigende Preise und daraus resultierende Gewinne. Dieser Gruppe sind auch Umweltorganisationen zuzurechnen. Sie können durch den Kauf von Zertifikaten eine Verknappung auf dem CO_2-Markt bewirken. Das Ziel ist die Zertifikatpreise zu erhöhen und somit Unternehmen dazu zu bringen, mehr Vermeidungsmaßnahmen zu ergreifen. Es ist denkbar, dass zu Marketingzwecken ein nicht am Emissionshandel teilnehmendes Unternehmen einer Umweltorganisation Geld zur Verfügung stellt, um Emissionsrechte zu kaufen. So eine Kooperation kann wie das Regenwaldprojekt von 2003 zwischen WWF Deutschland und der Krombacher Brauerei gestaltet werden. Das beteiligte Unternehmen kann sich so als besonders umweltbewusst darstellen. Angesichts des geringen Alters des Emissionshandelmarktes und vieler Unklarheiten im Bezug auf seine Funktionsweise ist die dritte Gruppe momentan sehr schwach präsentiert. [SCHE03, S.120]. Die Handelsplätze für Emissionszertifikate werden in der Regel von den größten Strombörsen Europas betrieben. Darunter fallen die European Energy Exchange (EEX) – Leipzig, International Petroleum Exchange (IPE) – London, Nordpool – Oslo, Powernext – Paris, Energy Exchange Austria (EXAA) – Wien. Lediglich die Handelsplattform New Values (Climex) in Amsterdam wird von einer Bank und einem Netzbetreiber betrieben. [ELSP06, S.468].

4.3 Markt- und Preisentwicklung

Die Preisentwicklung für Emissionsberechtigungen verlief in den ersten beiden Jahren des Handelssystems in vielerlei Hinsicht überraschend. Bis zum Frühjahr 2006 stieg der Preis pro Emissionszertifikat auf annähernd 30 Euro pro Tonne. Zuvor lagen Schätzungen für die Preisobergrenze bei maximal 15 Euro. Mit rund 20 Euro pro Tonne pendelte sich der Preis bis Anfang 2006 bei deutlich höheren Werten als vorhergesagt ein. Als dann im Frühjahr 2006 bekannt wurde, dass europaweit zu viele Zertifikate vergeben worden waren, brach der Zertifikatspreis regelrecht ein. Hauptsächlich aufgrund dieses Überangebots hat sich der Zertifikatspreis seither nicht mehr dauerhaft erholt und sank sogar im Februar 2007 auf unter 3 Euro je EUA (s. Abbildung 1). Eine Rolle spielt hierbei natürlich auch die Tatsache, dass überschüssige Zertifikate nicht von der ersten in die zweite Handelsperiode übertragen werden können, Ende 2007 also wertlos sind und veräußert werden müssen. Zudem dürfte der bislang recht warme Winter in Europa dämpfend auf den Zertifikatspreis gewirkt haben. [HEYM07, S.4].

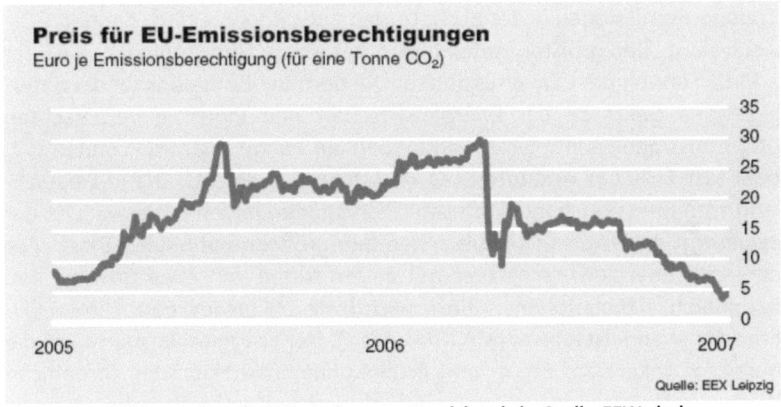

Abbildung 1: Preis für EUAs in der ersten Handelsperiode. Quelle: EEX Leipzig

Aus heutiger Sicht kann festgehalten werden, dass die hohen Zertifikatspreise zu Beginn des Emissionshandels nicht den tatsächlichen Knappheitsverhältnissen entsprochen haben. Wie heute bekannt ist, betrugen die tatsächlichen CO_2-Emissionen der emissionshandelspflichtigen Anlagen in Deutschland 2005 knapp 474 Mio. Tonnen und liegen damit um 21 Mio. oder 4% unter dem ausgegebenen Budget für 2005, das 495 Mio. Berechtigungen enthalten hat. Für 2006 ist das gleiche Bild vorzufinden. Der Zuteilung von Berechtigungen für 499 Mio. Tonnen CO_2 stehen tatsächliche Emissionen i. H. v. 478 Mio. Tonen CO_2 gegenüber. [DEHS07, S.7]. Dieser Zuteilungsfehler ist europaweit unterlaufen. In ihrer Mühe die inländischen Unternehmen im internationalen Wettbewerb nicht zu benachteiligen, hat die Politik die Zuteilungspläne auf den unternehmenseigene Emissionsmengenerhebungen gebaut. Somit konnte aber keine wirkliche Verknappung des Gutes Emissions zertifikat erzwungen werden. Damit wurde ein Handel unmöglich gemacht. Die Erfahrung aus der ersten Handelsperiode – insbesondere die Überausstattung mit Zertifikaten – wird den Genehmigungsprozess der nationalen Allokationspläne für die zweite Handelperiode ganz erheblich beeinflussen werden.

4.4   Stromwirtschaft als zentraler Akteur

Das EU-Emissionshandelssystem bildet das nach Erfassungsraum größte jemals eingeführte Emissionshandelssystem. Es umfasst die 27 derzeitigen Mitgliedstaaten der EU und in den meisten dieser Mitgliedstaaten den größten Teil der jeweiligen CO_2-Emissionen. Die gesamten Treibhausemissionen in der EU betrugen 2004 knapp 5 Mrd. Tonnen CO_2-Äquivalent. Den größten Anteil bilden mit einem Gesamtniveau von über 4 Mrd. Tonnen die CO_2-Emissionen. Die dem EU-Emissionshandel unterliegenden Sektoren der Energiewirtschaft und Industrie verursachten CO_2-Emissionen summieren sich aktuell auf knapp 2,4 Mrd. Tonnen CO_2 oder fast 60% des gesamten CO_2-Ausstosses in der EU. Die in Deutschland vom Emissionshandel erfassten Emissionen bilden mit etwa 23% der insgesamt erfassten CO_2-Emissionen den größten nationalen Block. Die deutsche Energiewirtschaft ist mit einem Anteil von etwa 60% an den nationalen Emissionen die wichtigste Quellgruppe im EU-Emissionshandelssystem. [MATT06, S.22]. Der Energiesektor umfasst die Bereiche Kokereien, Stein- und Braunkohlenbrikettfabriken, öffentliche Wärmekraftwerke, Industriewärmekraftwerke, Kernkraftwerke, Wasserkraftwerke, Wind- und PV-Anlagen, Öffentliche Heizkraftwerke, Fernheizwerke, Hochöfen, Raffinerien sowie sonstige Energieerzeuger. Abgesehen von den Raffinerien, bei denen die Energieumwandlung im Wesentlichen die fast verlustfreie Stofftransformation betrifft, haben die stromerzeugenden Unternehmen innerhalb dieses sehr heterogenen Sektors mit Blick auf den Energieeinsatz die mit weitem Abstand größte Bedeutung. [DIEK05, S.175]. Damit ist die deutsche Stromwirtschaft ein der wichtigsten Akteure im EU-Emissionshandelssystem und eine der Branchen, die direkt und unumgänglich von dem neuen Instrument betroffen werden. Auch wenn es sich beim EU-Emissionshandelssystem um ein großes und grenzüberschreitendes System handelt, wird eine Partialanalyse für die deutsche Stromerzeugungswirtschaft sehr wichtige Erkenntnisse über das Gesamtsystem, seine wichtigsten Wirkungsmechanismen und seine industrieökonomische Auswirkungen erbringen. Daher konzentriert sich diese Arbeit auf die Analyse der industrieökonomischen Auswirkungen des Emissionshandelssystems auf die deutsche Stromwirtschaft.

5. Auswirkung auf die Stromerzeugungsunternehmen

5.1 Neuer Produktionsfaktor und neue Unternehmensstrategie

Die Beanspruchung der Atmosphäre bei Produktionsprozessen, bei denen als Kuppelprodukt Kohlendioxid entsteht, ist unvermeidbar. Allerdings war der Einsatz dieses Produktionsfaktors bis Januar 2005 nicht mit betriebswirtschaftlichen Kosten verbunden. Das EU-Emissionshandelssystem hat durch die Einführung von Emissionsberechtigungen aus dem kostenfreien Einsatzfaktor „natürliche Umwelt" einen normal zu bewirtschaftenden Produktionsfaktor gemacht, den jedes Unternehmen in seiner Kostenfunktion berücksichtigen muss. Die Stromversorger müssen folglich ihre Unternehmens- und Produktionsstrategien anpassen, indem sie den neuen Faktor bei den strategischen, taktischen und operativen Entscheidungen in Betracht ziehen. Die Integration des neuen Produktionsfaktors wird die komplette Unternehmensstruktur betreffen – von der elementaren Beschaffung bis hin zu den komplexen und risikoreichen Technologie- und Kapazitätsentscheidungen. Durch die neue Strategie wird die generelle Richtung, wie das Unternehmen auf die Chancen und Risiken des Emissionshandels reagieren will und damit die zukünftige Position des Unternehmens fixiert. Dafür ist es notwendig zu erkennen, welche Emissionsminderungsmaßnahmen realisiert werden können und ob Emissionsrechte gekauft, verkauft oder eingespart werden sollen. Zur Erarbeitung der neuen Strategie muss sich jedes betroffene Unternehmen im Wesentlichen mit den möglichen CO_2-Minderungsmaßnahmen sowie mit der Entwicklung des Zertifikatpreises auseinandersetzen. Erst dann wird ein Abwiegen zwischen der Durchführung von Emissionsminderungsprojekten und dem Kauf von Zertifikaten auf dem Markt möglich. Dies impliziert zwei neue Aufgabengebiete, die es zu erschließen gilt. Zum einen muss eine laufende Analyse des CO_2-Marktes betrieben werden sowie Prognosen für die zukünftigen Entwicklungen erarbeitet werden. Zum anderen sind eine Ermittlung der eigenen Emissionsvermeidungskosten und deren ständige Aktualisierung unerlässlich. Die neue Situation stellt die Unternehmen vor großen Herausforderungen. Da bislang ein Handel mit Emissionsberechtigungen nicht stattgefunden hat, können keine historischen Daten zur Analyse herangezogen werden. Die Planer können die Preissignale höchstens schätzen oder versuchen Erfahrungen aus ähnlichen Systemen zu nutzen. Damit sind sämtliche Risiken schwer kalkulierbar. Die Marktpreiseinschätzung wird zusätzlich von langfristigem Charakter der Emissionsminderungsmaßnahmen erschwert, da es von überragender Bedeutung sein wird, die Prognosen über den Zertifikatmarkt langfristig auszulegen. Im Gegenzug müssen die unternehmensspezifischen Grenzvermeidungskosten ständig überwacht werden. Sie geben die zusätzlich entstehenden Kosten an, wenn eine weitere Tonne CO_2 vermieden werden soll. Diese Grenzvermeidungskosten steigen mit zunehmenden Vermeidungsanstrengungen stark an, da die Umsetzung weiterer technischer Maßnahmen zunehmend kostenintensiver ist. Es muss jedoch beachtet werden, dass die Grenzvermeidungskosten ständigen Veränderungen ausgesetzt sind und eigentlich nie als endgültig aufgefasst werden können. [BOCK05, S.156f]. Dazu ist es sehr wichtig für jede einzelne Maßnahme eine energiewirtschaftliche Bewertung durchzuführen und diese laufend zu aktualisieren, um auf Änderungen des Marktpreises für Emissionsberechtigungen und Preisentwicklungen in den Anlagenbau effektiv reagieren zu können. [BOCK05, S.166]. Der neue Produktionsfaktor stellt die betroffenen Unternehmen vor nicht zu unterschätzenden Herausforderungen. Die erfolgreiche Lösung der neuen Aufgaben wird die Marktposition eines jeden Unternehmen sowohl im Strom- als auch im Zertifikatmarkt stark beeinflussen.

5.2 Strukturelle und organisatorische Auswirkungen

Jedes vom Handelssystem erfasste Unternehmen ist gefordert, seine Organisationsstruktur und betriebsinternen Abläufe vor dem Hintergrund der neuen Anforderungen zu überprüfen und zu optimieren. Die neue Unternehmensstrategie sowie die administrativen Anforderungen des Gesetzgebers müssen in die Unternehmensorganisation integriert werden. Der Emissionshandel betrifft nahe zu alle Unternehmensbereiche. Um die neue Unternehmensstrategie umsetzen zu können, müssen diese Bereiche entsprechend umstrukturiert werden. Bei den neuen Aufgaben kann das Unternehmen in jedem Bereich auf bereits vorhandene Kompetenzen zugreifen. Dennoch müssen diese Kompetenzen zielgerichtet verzahnt und koordiniert werden. Es ist sinnvoll in der ersten Handelsperiode eine Kompetenzgruppe zu dem Emissionshandel direkt in dem Management zu integrieren, um die zahlreiche Anpassungsprozesse zentral zu koordinieren. Diese Gruppe muss die strategische Ausrichtung des Unternehmens im Emissionshandel ständig überprüfen und justieren, die dafür notwendigen Organisationsstrukturen etablieren und die Kommunikation der einzelnen Unternehmensbereiche sicherstellen. In der Produktion muss die Planung die kurz- und langfristig benötigte Zertifikatmenge ermitteln und diese an die Beschaffung weiterleiten, damit dem

Beschaffungsbereich die Möglichkeit gegeben werden kann, seine Beschaffungsstrategie bzw. die Vermarktung überschüssiger Zertifikatbestände danach auszurichten. Der Beschaffungsbereich muss sich schließlich auch mit der Bereitstellung von Personal sowie Beratungsdienstleistungen auseinandersetzen. Der Produktionsbereich muss in der Lage sein, Emissionsminderungsmaßnahmen zu identifizieren, zu bewerten und durchzuführen. Der Vertrieb wird auch gefordert. Er muss die gestiegenen Produktionskosten in seiner Absatzstrategie berücksichtigen. Die Finanzbuchhaltung ist verpflichtet, die korrekte bilanzielle sowie steuerliche Behandlung der Emissionszertifikate zu gewährleisten und die dafür notwendigen Verfahren zu entwickeln und zu integrieren. Der wichtigste und kostspieligste Teil der Umstrukturierung wird von den Aufgaben Datenmanagement, Dokumentation und Berichtserstellung gebildet. Dieser Bereich soll die Kommunikation mit den Behörden abwickeln, die notwendigen Emissionsberichte für die Deutsche Emissionshandelsstelle erstellen und den Informationsfluss zwischen den Unternehmensbereichen ermöglichen. Die Grundlage dafür ist die Schaffung eines verlässlichen Daten- und Monitoringsystems. [SCHW05, S.208f]. Eine geeignete Unternehmensstruktur ermöglicht einem Unternehmen die operativen Risiken aus dem Emissionshandel zu kontrollieren. Während Markt- und Gesetzgebungsrisiko von den Unternehmen kaum direkt beeinflusst werden können, bietet die operative Seite der Emissionshandelsabwicklung innerhalb eines Unternehmens zahlreiche Eingriffsmöglichkeiten.

5.3 Windfall Profits

Windfall Profit ist ein Gewinn, der nicht auf entsprechenden Leistungen des Gewinnbeziehers beruht, sondern durch plötzliche, außergewöhnliche Veränderungen der Marktsituation entsteht. Beispiel dafür sind Rohstoffverknappung oder Wechselkursänderungen. [BROC07]. Nach dem Start des Emissionshandelsystems ist eine ähnliche Situation zu betrachten. Dieses Themengebiet ist einer der Hauptangriffspunkte für die Kritiker des Emissionshandels. Das ist kein Wunder, es geht schließlich um Milliarden. Aus politischen und wirtschaftlichen Gründen hat sich die Bundesregierung dafür entschieden, die Erstvergabe der Zertifikate vollkommen kostenfrei zu gestalten. Die Gründe sind leicht einsehbar – man wollte die Unternehmen nicht mit unbegründeten Kosten belasten und den Standort Deutschland gefährden. Eine Ersteigerung der Berechtigungen wäre allerdings laut EU-Richtlinie auch nur zu 5% möglich. Dies hat dazu geführt, dass alle am Emissionshandel teilnehmenden Unternehmen ihre zugeteilten Emissionsberechtigungen unentgeltlich bekommen haben - die große Schenkung. Nichtsdestotrotz wird ein Unternehmen den Zugang von Zertifikaten eines jeden Jahres mit einem Wert verbuchen wollen und müssen. Durch den Emissionshandel sind Zertifikate schließlich zu einem Produktionsfaktor geworden. In diesem Fall ist es betriebswirtschaftlich korrekt, den neuen Vermögensgegenstand mit dem Opportunitätskostenansatz zu bewerten. Somit bekommen Zertifikate den Stellenwert eines Einsatzfaktors. Die Erzeugung des Produktes Strom kann nur erfolgen, wenn ausreichend Zertifikate vorhanden sind. Deckt die Menge der zugeteilten Zertifikate den geplanten Produktionsprozess nicht ab, so müssen die fehlenden Mengen auf dem Markt gekauft werden. Dadurch entstehen zusätzliche Kosten, die dem Produkt anteilig zugerechnet werden müssen. Die alternative Situation, die eines Zertifikatüberschusses, ist für ein Unternehmen natürlich unvergleichbar attraktiver. Werden weniger Zertifikate für den Produktionsprozess benötigt als geplant, können diese veräußert werden. Es werden Gewinne generiert, denen keine Kosten gegenüber stehen. Die Kostenbelastung aus dem neuen Produktionsfaktor ist damit bei der Preisbildung des Produktes Strom zu berücksichtigen. Die Kosten für das CO_2-Zertifikat ergeben sich durch die Beschaffung am Markt oder über den Ansatz der Opportunitätskosten. Unabhängig davon, ob echte oder Opportunitätskosten zum Ansatz gebracht werden, werden sich die Produktionskosten des Produktes erhöhen. Folglich wird ein Unternehmen der Energiewirtschaft seine erhöhten Produktionskosten an den Stromkunden weitergeben wollen. [SCHW05, S.205]. Die Erfolgsaussichten dafür stehen gut. Die Nachfrage der Stromkonsumenten reagiert nicht elastisch auf die Höhe des Marktpreises. Das liegt daran, dass die Abnehmerseite auf Strom angewiesen ist und keine Ausweichmöglichkeiten hat. Dieses Phänomen ist auf die speziellen Eigenschaften des Wirtschaftsguts Strom zurückzuführen. Strom kann derzeit nicht effektiv gespeichert werden. Die Nachfrage muss durch das regional vorhandene Angebot in der jeweiligen Stunde gedeckt werden. Man hat keine Möglichkeit Strom in Ländern zu kaufen, die nicht am CO_2-Zertifikatehandel teilnehmen. Diese Marktsituation führt zur geringen Preiselastizität der Nachfrage. [SCHN07]. Dazu beschert die Oligopolstruktur auf dem Strommarkt den Stromerzeugern die notwendige Marktmacht, die die Anwendung des Opportunitätskostenansatzes für die Bildung des Strompreises durchsetzen kann. Auf diese Art und Weise wird eine Absatzkonstellation aufgestellt, bei der den höheren Einnahmen keine reellen Kosten gegenüberstehen. Damit sind die Unternehmen der Energiewirtschaft in der Lage, über die Einpreisung des

Zertifikatpreises Windfall Profits in Milliarden Höhen zu generieren. [SCHW05, S.206]. Dies wird von der Entwicklung des Strompreises seit der Einführung des Emissionshandels eindeutig belegt (s. Abbildung 2).

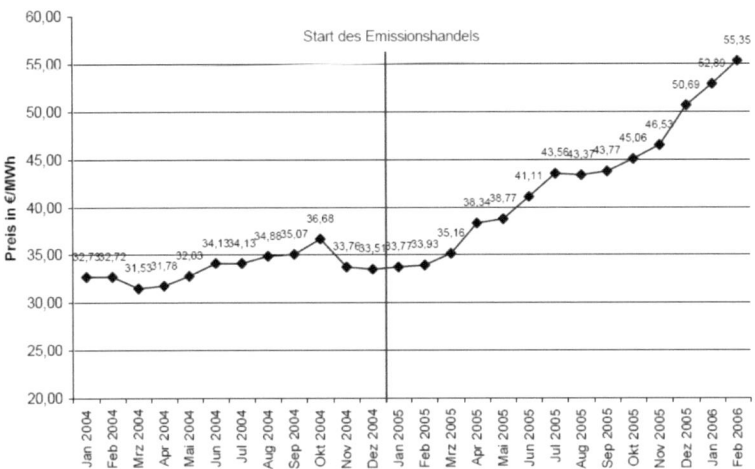

Abbildung 2: Entwicklung des Strompreises 2004-2006. Quelle: VIK

Auffallend ist die extreme Preiserhöhung seit Beginn des EU-Emissionshandels. In nur zwölf Monate steigt der Preis um 22 Euro/MWh oder um 62%. [VIKE06]. Gleichzeitig kann man eine sehr hohe Korrelation zwischen dem CO_2-Zertifikatpreis und dem Strompreis registrieren. Das wettbewerbliche Simulationsmodell von Schwarz und Lang aus dem Jahr 2006 belegt, dass ab 2005 die Emissionsberechtigungen den grundlegende Preistreiber neben den Brennstoffkosten darstellen. [vgl. LANG06]. Diese Entwicklung bringt den Stromerzeugern Windfall Profits in Höhe von 5 Mrd. Euro und hat dazu geführt, dass sich zahlreiche Unternehmensverbände beim Bundeskartellamt beschwert haben. [VIKE06].

5.4 Zusammenfassung

Die Einführung des Emissionshandelssystems erfordert von der Stromwirtschaft eine Karbonisierung der Geschäftsprozesse zur Vorsorge und Vorbereitung auf die Risiken der zukünftigen Emissionsminderungsvorgaben und Marktpreise. Dazu müssen die vorhandenen Instrumente an die Anforderungen des Emissionshandels angepasst werden. Für das einzelne Unternehmen bedeutet dies, Anpassung der Unternehmensstrategie und der Unternehmensorganisation mit Ausrichtung auf die erfolgreiche Nutzung der Potenziale des neuen Marktes. Der Anpassungsprozess wird dabei unumgänglich Schwierigkeiten bereiten und enorme Kosten verursachen. Allerdings können diese durch die von jenem neuen politischen Instrument gebotenen Möglichkeiten kompensiert werden. Die Ausgestaltung des Emissionshandelssystems ermöglicht es den Stromversorgungsunternehmen über die Einpreisung der Zertifikatkosten sehr hohe Gewinne zu erzielen, denen keine Kosten gegenüber stehen. Dies stellt die Stromwirtschaft eindeutig auf der Gewinnerseite im Emissionshandelssystem. Selbst wenn das bisherige Zuteilungsverfahren angepasst wird und die immensen Windfall Profits aus beleiben, garantiert der Emissionshandel der Unternehmensseite mehr Flexibilität und Eigenverantwortung im Vergleich zu einem ordnungspolitischen Instrument. Es müssen zwar Grenzwerte eingehalten werden, die Chance über den Emissionshandel Profite zu erzielen ist jedoch stets vorhanden. [SCHE03, S.115].

6. Emissionshandel und Wettbewerb

6.1 Auswirkungen auf die Wettbewerbssituation

Die Einführung des europäischen Emissionshandelssystems ändert die bisherigen Rahmenbedingungen in der deutschen Stromwirtschaft. Das neue Instrument greift direkt in das Geschehen auf dem inländischen sowie auf dem EU-weiten Strommarkt ein. Der Emissionshandel hat das Potential die Wettbewerbssituation in beiden Strommärkten zu beeinträchtigen. Die deutschen Stromversorger werden sich zudem zwangsläufig mit dem Markt für Emissionsberechtigungen auseinandersetzen und über eine Wettbewerbsanalyse ihre Marktposition einschätzen müssen. Im Folgenden werden die Auswirkungen des Emissionshandels auf die Wettbewerbssituation an den Märkten für Strom im Inland und in der EU sowie am CO_2-Markt untersucht.

6.1.1 Nationaler Strommarkt

Die Auswirkungen des Emissionshandelssystems auf die Wettbewerbssituation im deutschen Strommarkt werden durch drei Faktoren determiniert. Der erste Faktor ist die Kraftwerkparkstruktur der einzelnen Unternehmen, die die direkte Kostenbelastung durch das Emissionshandelssystem bestimmt. Der zweite Faktor ist die Möglichkeit eines Unternehmens die neu entstandenen Kosten über die Preise an die Konsumenten weiter zu geben. Und der dritte Faktor stellen die Emissionsvermeidungs- bzw. Emissionsminderungsmöglichkeiten des jeweiligen Unternehmen dar. [OBER06, S.4f]. Die Kraftwerkparkstruktur legt die Emissionsbelastung durch das entsprechende Unternehmen und damit die Menge der von ihm benötigten Emissionsberechtigungen fest. Je mehr Emissionen verursacht werden, desto höher fällt die Kostenbelastung aus. Bei der Einpreisung der Emissionsberechtigung haben die Stromversorgungsunternehmen keine Schwierigkeiten. Wie bereits in Punkt 5.3 diskutiert, sind die dafür notwendigen Rahmenbedingungen - eine geringe Elastizität der Nachfrage sowie eine hohe Marktkonzentration - im Stromerzeugungssektor vorhanden. Die Asymmetrie zwischen Unternehmen liegt in der Höhe des erzielbaren Windfall Profits. Über die unentgeltliche Zuteilung sind Großemittenten in der Lage höhere Gewinne zu generieren. Zuletzt spielen die Möglichkeiten zur Emissionsminderung auch eine Rolle. Unternehmen, die die finanziellen und technischen Kapazitäten bzw. Fähigkeiten besitzen, entsprechende Maßnahmen durchzuführen, werden über den Emissionshandel weniger stark belastet sein. Im Folgenden wird die Wettbewerbssituation auf dem deutschen Strommarkt im Hinblick auf diese Faktoren untersucht und die möglichen Auswirkungen aufgedeckt. Zudem werden potentielle Eintrittsbarrieren und Möglichkeiten des Marktmachtausbaus, die durch den Emissionshandel bedingt werden sowie die Rolle von Transaktionskosten diskutiert.

Kraftwerksparkstruktur und hohe Windfall Profits

Der deutsche Strommarkt wird von vier Unternehmen dominiert, die insgesamt ca. 85% der gesamten konventionellen Kraftwerkskapazität besitzen. Das Bundeskartellamt geht insgesamt sogar von einem Marktanteil der vier Verbundunternehmen von nahezu 90% aus. Des Weiteren geht die Beschlussabteilung von einem marktbeherrschenden Duopol auf den bundesweiten Strommärkten, gebildet durch E.ON und RWE mit einem Marktanteil von ca. 60% aus [BKAR06, S.44]. Nahezu alle bisherigen Studien [siehe OBER07, S.8ff] weisen darauf hin, dass der Emissionshandel die Dominanz der vier Konzerne nicht beeinträchtigen kann. Doch das neue Instrument schafft einen neuen Maßstab, der die Ausgangsmarktsituation in gewisser Hinsicht ändern und eine Umverteilung von Marktanteilen unter den Marktherrschern herbeirufen kann. Die Einführung des Emissionshandels macht die Struktur der Kraftwerkparks der marktbeherrschenden Unternehmen aus wettbewerbspolitischer Sicht sehr interessant. Diese erweist sich in der Tat als sehr unterschiedlich. Damit besitzt der Emissionshandel das Potential über eine von Unternehmen zu Unternehmen variierende Kostenbelastung den Grad der Marktmacht der einzelnen Konzerne zu beeinflussen. In Tabelle 1 sind die jeweils aktuellsten verfügbaren Daten zur Stromerzeugung sowie CO_2-Emissionen der marktbeherrschenden Unternehmen zusammengestellt.

	Stromerzeugung in Mrd. kWh	Marktanteil	CO_2-Emissionen in Mio. Tonnen	Emissionsanteil
RWE	180	33,33%	111	30,00%
E.ON	131	24,26%	65	17,57%
Vattenfall	77	14,26%	73	19,73%
EnBW	70	12,96%	22	5,95%
Andere	82	15,19%	99	26,76%

Tabelle 1: Markt- und Emissionsanteile der größten Stromversorger.

Quelle: DIW Berlin (eigene Darstellung).

Der größte deutsche Stromerzeuger RWE ist zugleich auch der größte Verschmutzer. Die Stromerzeugung erfolgt hier vor allem aus Braunkohle sowie Atomkraft. Kleinere Mengen an Strom werden auch in anderen fossilen oder Wasserkraftwerken erzeugt. Der zweitgrößte deutsche Stromerzeuger E.ON produziert etwa die Hälfte seines Stroms in Atomkraftwerken, die fossile Stromerzeugung kommt vor allem aus Steinkohlekraftwerken. Der drittgrößte Stromerzeuger in Deutschland ist das deutsche Tochterunternehmen des schwedischen Vattenfall Konzerns. Fast 90% der Stromerzeugung erfolgt in den ostdeutschen Braunkohlekraftwerken. Die maßgeblich vom französischen EdF Konzern kontrollierte EnBW produziert etwa die Hälfte des Stroms in Kernkraftwerken, etwa ein Drittel der eigenen Stromproduktion erfolgt in fossilen Kraftwerken, etwa ein Fünftel wird aus Wasserkraftwerken bereitgestellt. [WWFH06, S.2]. Die Übersicht zeigt, dass unter den großen Versorgungsunternehmen sehr deutliche Unterschiede im CO_2-Ausstoßniveau bestehen. Bemerkenswert ist die Position von Vattenfall. Das Unternehmen deckt nur ca. 14% der deutschen Stromerzeugung ab, ist aber zugleich der zweitgrößte Emittent von CO_2. Das Emissionshandelsystem soll die größten und emissionsreichsten Unternehmen zu Gunsten der aus Umweltsicht effektiveren stärker belasten. Passiert ist aber genau das Gegenteil. Aufgrund der Überallokation und der kostenlosen Zuteilung auf Basis des Grandfathering-Verfahrens wurden in der ersten Handelsperiode gerade die zu bestrafenden Verschmutzer reichlich mit Zertifikaten ausgestattet. Über die Möglichkeit der Einpreisung des Zertifikatwertes in den Strompreis, können die Spitzenemittenten auch höhere Windfall Profits erzielen und letztendlich ihre Marktstellung stärken. Aus diesem Gesichtspunkt gehören die großen Emittenten der Stromwirtschaft zu den Gewinnern im Emissionshandelssystem.

Kapazität zu Kraftwerkanpassung und Einführung neuer Technologien

Die Einführung des Emissionshandelssystems erzwingt auf der Unternehmensseite eine Anpassung des Kraftwerkparks. Um der Verpflichtung der Emissionsminderung nachkommen zu können, werden die Stromerzeuger kurzfristig den internen Energieträgermix optimieren und langfristig neue emissionsärmere Technologien einführen müssen. Unternehmen mit zahlreichen Anpassungsmöglichkeiten sowie gewisser Finanzstärke werden dadurch automatisch besser gestellt. Vor allem kleine Unternehmen können die erhöhte Kostenstruktur nicht durch eine kurzfristige Veränderung des Energieträgermixes ausgleichen. Unternehmen mit einem großen Portfolio an einsetzbaren Technologien können hier mit einer erhöhten Flexibilität reagieren und haben weniger starke Gewinn-

einbußen zu verzeichnen. [KEMF04]. Die langfristig orientierte Kraft-
werksplanung wird von großen finanzstarken Unternehmen auch besser
bewältigt. Die Einführung moderner umweltfreundlicher Technologien ist
sehr kostenintensiv. Für ein kleines Unternehmen wird es unmöglich sein,
mit den vier großen Stromerzeugern mitzuhalten. Damit stellt der Emissionshandel auf lange Sicht ein Verdrängungsinstrument für die
deutschen Verbundunternehmen dar und trägt zu einer Stärkung ihrer
Marktmacht bei.

Marktmachtausbau durch Lobbyismus

Die Vorgabe eines fixen Emissionsbudgets stellt die Unternehmen einer
Branche in direktem Wettbewerb zueinander. Zwar ist die Gesamtzutei-
lungsmenge durch das absolute Minderungsziel fixiert. Die relative
Aufteilung unter den Unternehmen birgt jedoch Potential für Vertei-
lungskonflikte und eine Wettbewerbsverzerrung. Eine erhöhte Ausstattung eines Unternehmens mit Emissionszertifikaten geht hier direkt zu
Lasten der Wettbewerber. Für die Unternehmen besteht also ein starker
Anreiz durch Lobby-Arbeit vorhandene Spielräume auszunutzen. So wäre
es denkbar, dass ein Unternehmen, welches eine marktbeherrschende
Stellung innerhalb der Branche besitzt, weit höhere Ausgaben für Lobby-
Arbeit unternimmt als ein schwächeres Unternehmen. Wenn man eine
positive Korrelation zwischen höheren Ausgaben und einer höheren Er-
folgswahrscheinlichkeit dafür unterstellt, die Wettbewerbssituation zu
seinen Gunsten beeinflussen zu können, so würde dies bedeuten, dass
das marktbeherrschende Unternehmen seine Stellung ausbauen kann.
[MICA04, S.325ff].

Eintrittsbarrieren

Die staatliche Zuteilungsentscheidung und Sonderregelungen werden auf
die Wettbewerbssituation von etablierten Unternehmen und ihren potentiellen Konkurrenten, das heißt Neueinsteigern, eine Auswirkung haben.
Bei den etablierten Altanlagen basiert die Zuteilungsmenge auf historischen Daten. Die Zuteilungsmenge von neuen Anlagen wird nach technischen Referenzwerten ausgerichtet. Das bedeutet, Neueinsteiger
bekommen die Emissionsrechte nach der besten verfügbaren Technik
zugeteilt. Deutschland sieht auch bei neu installierten Anlagen eine
Gratisvergabe der Erstausstattung vor, um keine Markteintrittsbarriere zu
schaffen. Denn durch eine kostenlose Zuteilung sind die Bedingungen für
einen Markteintritt erleichtert. Neueinsteigern entstehen so geringere
Fixkosten und keine Kapitalbindungskosten für die Emissionsrechte. Aus
Wettbewerbssicht ist allerdings die im ZuG2007 enthaltene Übertragungsregel problematisch. Wenn Betreiber von Altanlagen diese moder-

nisieren oder ersetzen, bekommen sie vier Jahre lang Emissionsrechte in der Höhe, die die alte Anlage benötigt hätte. Das bedeutet, dass die Betreiber mehr Emissionsrechte zur Verfügung haben als zu der Produktion mit der modernisierten Anlage benötigt werden. Am Markt kann der Betreiber diese überschüssigen Emissionsrechte verkaufen, dass heißt die freien Berechtigungen in finanzielle Ressourcen umwandeln. Hierdurch verbessern sich die Investitions- und Preissetzungsspielräume der Altanbieter gegenüber den Neueinsteigern, die von dieser Übertragungsregel keinen Gebrauch machen können. Damit führt die Übertragungsregel zu einer systematischen Verzerrung des Wettbewerbs und bildet eine staatlich geschaffene Markteintrittsbarriere. Sie erzeugt Kostenasymmetrien zwischen etablierten und potentiellen Wettbewerbern. Ökonomisch wäre es sinnvoll, zumindest die Behandlung von Altanlagenmodernisierungen und Neuanbieter zu vereinheitlichen. Sonst läuft man Gefahr, dass es neben den Wettbewerbsverzerrungen noch zu Betriebszusammenschlüssen als Ausweichhandlung kommen kann. [LUEG07, S.2of].

Eine weitere Möglichkeit für etablierte Unternehmen sich vor potentiellem Wettbewerb zu schützen ergibt sich direkt aus dem CO_2-Markt. Dominante Unternehmen können über den Emissionshandelsmarkt die Kosten der direkten Konkurrenten erhöhen, indem sie durch strategischen Verkauf oder Kauf von Emissionsberechtigungen die Produktionskosten der Konkurrenten erhöhen und damit den Einstieg neuer Wettbewerber blockieren. Dafür muss das Großunternehmen einen gewissen Grad an Marktmacht auf dem CO_2-Markt besitzen, um die Preise durch sein Angebot bzw. seine Nachfrage beeinflussen zu können. Da jedoch am Emissionshandel nicht nur Unternehmen der Energiewirtschaft teilnehmen, sondern vielmehr Unternehmen aus unterschiedlichen Sektoren und Nationen beteiligt sind, ist so ein strategisches Verhalten sehr schwer umsetzbar. [HITZ05, S.18f]. Wie gut die Chancen dafür stehen, wird in Punkt 6.1.3 diskutiert.

Transaktionskosten

Aus wettbewerbspolitischer Sicht werden die Transaktionskosten des Emissionshandels als problematisch bewertet. Die Kleinstemittenten der Stromerzeugungsbranche verursachen zusammen nur ein Viertel der Emissionen. Sie besitzen geringe Marktanteile und können nur einen geringen Beitrag zur Minderung der Treibhausgasemissionen leisten. Nichtsdestotrotz müssen sie eine Erhöhung ihrer Betriebskosten durch den Verwaltungsaufwand hinnehmen, den der Emissionshandel erfordert. [SCHA06]. Diese Einschätzung wurde durch eine Befragung von emissionshandelspflichtigen Unternehmen in Hessen im Auftrag des hessischen Ministeriums für Umwelt bestätigt. Während kleine Unternehmen angeben, im Mittel 45% der Emissionshandelskosten für Verwaltung und Personal aufzubringen, waren es bei Großunternehmen lediglich 20%. Somit kommen die großen Energieversorger nur mit einem Bruchteil der Transaktionskosten der kleinen aus. Der Emissionshandel führt also zu wettbewerbsverzerrender Kostenbelastung und benachteiligt die kleinen Unternehmen. [DONN06, S.24f].

Zusammenfassend lassen sich die bisherigen Überlegungen zur Auswirkung des Emissionshandels auf die Wettebewerbssituation im deutschen Strommarkt wie folgt darstellen. Der Emissionshandel hat das Ziel die CO_2-Emittenten mit Kosten für die Umweltnutzung zu belasten und damit eine emissionsärmere Produktion herbeizurufen. Dabei sollen die Großemittenten die Hauptlast der Emissionsreduktion tragen. Zurzeit passiert aber genau das Gegenteil. Großemittenten bekommen mehr kostenlose Zertifikate und sind in der Lage höhere Windfall Profits zu erzielen. Zudem schafft das Emissionshandelsystem Rahmenbedingungen, die in vielerlei Hinsicht wettbewerbsschädigend wirken. Die großen Stromerzeuger können durch bessere Anpassungsfähigkeit und finanzielle Stärke ihre Marktmacht ausbauen sowie die Wettbewerbintensität mindern. Dazu stellen politisch bedingte Systemlösungen wie die Behandlung von Neuanlagen und die Höhe der Transaktionskosten Hindernisse für kleine Unternehmen und Newcomer dar.

6.1.2 EU-Binnenmarkt

Mit der Mitte der 90er Jahre verabschiedete Binnenmarktrichtlinie „Elektrizität" wurde die Liberalisierung des Energieversorgungsmarktes in der EU eingeleitet. Die Versorgungsunternehmen befinden sich seitdem in freiem Wettbewerb um eine nicht mehr eindeutig zugeordnete Stromnachfrage. Nach der Marktliberalisierung müssen Kunden im europäischen Vergleich gewonnen und vor allem verteidigt werden. Auf Grund der geringen Preiselastizität der Stromnachfrage besteht weniger die Gefahr einer sinkenden Nachfrage als vielmehr die Gefahr eines Wechsels der Kunden zu einem anderen europäischen Stromversorger mit geringeren Preisen. [FICT05, S.40]. Der deutsche Elektrizitätsmarkt ist kein isolierter Markt, sondern es bestehen mit den Nachbarländern Hochspannungsverbindungen, über welche Elektrizität im- und exportiert wird. Eine unterschiedliche Zusammensetzung der nationalen Kraftwerkparks, der Nachfrageprofile sowie der Rohstoffkosten führt dazu, dass es an unterschiedlichen Standorten unterschiedliche Erzeugungspreise gibt und die Preisverhältnisse zwischen den Ländern instabil sind. So wird beispielsweise in Dänemark häufig tagsüber billiger Strom aus norwegischer Wasserkraft und nachts günstiger Strom aus deutschen Grundlastkraftwerken importiert. Die teilweise signifikanten Preisunterschiede zwischen den Ländern machen den internationalen Elektrizitätshandel zu einem lukrativen Geschäft für Produzenten auf beiden Seiten. Auch aus gesamtwirtschaftlicher Sicht ist ein europaweiter Elektrizitätshandel positiv zu bewerten. Allerdings sind die vorhandenen Übertragungskapazitäten begrenzt und die Transportrechte zwischen den Ländern werden inzwischen üblicherweise versteigert. Dadurch bieten sich für inländische Anbieter Anreize, die Transportkapazität zu erwerben und so den Zugang von ausländischen Anbietern zu dem eigenen Markt zu blockieren. Im Fall mit freiem Wettbewerb würde ein Händler, welcher Kapazität erworben hat, diese möglichst vollständig ausnutzen. Dies ist in Realität allerdings nicht zu beobachten. Vielfach bleiben Leitungskapazitäten ungenutzt oder der Leitungsfluss geht vom Hochpreis- ins Niedrigpreisgebiet. Ein Grund für diesen Effekt ist das potentielle Interesse von Unternehmen mit Marktmacht, kostengünstige Kraftwerkkapazität eher zu exportieren, als den heimatlichen Preis mit einem Überangebot zu reduzieren. Theoretisch kann dieses Verhalten noch verstärkt werden, indem ein Unternehmen Importrechte erwirbt, um diese dann unbenutzt verfallen zu lassen. [HIRS07, S.64f]. Die Europäische Kommission führte aufgrund von Beschwerden von Verbrauchern und neuen Marktteilnehmern über die Entwicklung der Großhandelsmärkte eine Untersuchung der Elektrizitätsmärkte durch. Hauptanliegen der EU-Sektoruntersuchung zur Elektrizitätswirtschaft ist es, mögliche Wettbewerbshindernisse zu identifizieren. Der Abschlussbericht liefert folgende Kernaussagen. [EUKO07]:

- Die meisten Großhandelsmärkte weisen eine hohe Anbieterkonzentration auf.
- Vertikale Integration ist weiterhin ein dominanter Faktor in vielen Elektrizitätsmärkten.
- Das internationale Handelsvolumen ist unzureichend, um Druck auf nationale Anbieter auszuüben.
- Es liegt ein hohes Maß an Intransparenz auf den Elektrizitätsmärkten vor.
- Die Preisbildung auf Elektrizitätsmärkten ist komplex und viele Kunden haben kein Vertrauen in die Preisbildungsmechanismen.

Man kann also festhalten, dass die Situation auf dem Strombinnenmarkt nicht von großer Wettbewerbsintensität und großer Transparenz geprägt ist. Die EU-Kommission sieht ein, dass noch erhebliche Defizite bei der Umsetzung eines durch Wettbewerb geprägten Energiebinnenmarktes bestehen. Somit fällt eine Untersuchung der Auswirkungen des Emissionshandels auf die Wettbewerbssituation auf dem Strombinnenmarkt sehr schwer. Bis heute haben sich sehr wenige theoretische und nahezu keine empirischen Untersuchungen konkret mit diesem Thema befasst. Aus diesem Grund konzentriert sich diese Arbeit im Folgenden auf die potentiellen Effekte des Emissionshandels. Die Auswirkungen des Emissionshandelssystems auf den EU-Binnenmarkt können zum Teil aus der Analyse des deutschen Strommarkts direkt übertragen werden. Die meisten europäischen Stromerzeuger sind durch die Privatisierung der ehemaligen staatlichen Versorgungsgesellschaften entstanden und haben damit die Struktur des Kraftwerkparks übernommen, der unter mittlerweile veralteten Rahmenbedingungen aufgebaut wurde und stehen nun mit stark auf die nationale Versorgungscharakteristika angepassten und sehr heterogenen Kapazitäten im internationalen Wettbewerb. [FICT05, S.40]. Die Kraftwerkparkstruktur wird auf europäischer Ebene weiterhin eine wichtige Rolle spielen, da in den meisten Ländern die Berechtigungszuteilung zu mindestens 95% kostenfrei und nach dem Grandfathering-Verfahren erfolgte. Die Anpassungskapazität und die Anpassungsschnelligkeit, die Höhe der Transaktionskosten und der Lobbyismus werden auch international die Wettbewerbssituation zu Gunsten der großen Stromversorger beeinflussen. Auf dem europäischen Strommarkt sind jedoch andere weitaus gravierende Wettbewerbseffekte des Emissionshandels zu beachten, die zu einem großen Teil politisch bedingt sind. Bei der Allokation im EU-Emissionshandel wird häufig kritisiert, dass die Aufteilung der Reduktionspflicht auf die einzelnen EU-Länder und die unterschiedlichen Sektoren in den Ländern nicht wettbewerbsneutral ist. In der Tat, identische Anlagen werden in Europa in unterschiedlichen Ländern mit unterschiedlichen Anfangsausstattungen an Emissionsrechten versehen, da die Anlagen in den verschiedenen Ländern unterschiedliche Rahmenbedingungen vorfinden. Die Gründe liegen auf der Hand.

Burden Sharing – ungleicher Emissionsminderungsdruck

Die verschiedenen EU-Mitgliedstaaten haben unterschiedlichen Reduktionsverpflichtungen aus dem Burden Sharing nachzugehen. Demnach müssen nicht alle Länder eine Emissionsminderung gegenüber 1990 erreichen, einige dürfen sogar ihre Emissionen kontrolliert erhöhen. Diese nicht-egalitäre Aufteilung kann zwar wirtschaftspolitisch begründet werden, Länder mit geringerem Wirtschaftswachstum sollten in ihrer Entwicklung nicht gebremst werden. [LUEG07, S.18f]. Aus wettbewerbspolitischer Sicht führt sie zu einem ungleichen Emissionsminderungsdruck und zu einer ungleichen Kostenbelastung für die Stromversorgungsunternehmen in den unterschiedlichen Staaten.

Dezentrale Allokation - ungleiche Ausgangssituation

Die dezentrale Abwicklung der Berechtigungsallokation auf nationaler Ebene führt zwangsläufig zu keiner Gleichbehandlung der Stromerzeuger. Die EU-Richtlinie zum Emissionshandel gibt zwar den Rahmen für das System, bei der nationalen Umsetzung haben die Mitgliedstaaten aber einen großen Spielraum, den sie sehr großzügig ausnutzen, mit der Idee die inländischen Unternehmen im internationalen Wettbewerb nicht zu belasten. Das erklärt die Überallokation von 63 Millionen Berechtigungen in der ganzen EU. Lediglich Spanien, Irland, Großbritannien, Slowenien, Italien und Österreich haben weniger Berechtigungen ausgeteilt als verbraucht wurden. [DONN06, S.17]. Eine weitere Problemquelle stellen bestimmte Sonderregelungen in den NAPs dar. Beispielsweise ist die Übertragungsregel für Neuanlagen nur im deutschen Zuteilungsgesetz enthalten. Das bedeutet, dass den etablierten deutschen Stromerzeugern einen Vorteil (siehe 6.1.1 - Eintrittbarrieren) gegenüber der Allokation ihrer Wettbewerber im Ausland gewahrt wird. In einer Studie der ZEW wird eindeutig bewiesen, dass die dezentrale und freie Allokation von Emissionsberechtigungen mit einem harmonisierten und wettbewerbsneutralen Instrument im Sinne der EU nicht kompatibel ist. [BÖHR05].

Mit dem Emissionshandel hat die EU auf europäischer Ebene ein modernes umweltpolitisches Instrument entwickelt und eingeführt. Dieses Instrument wird aber national auf unterschiedliche Art und Weise eingesetzt. Dies macht eine Gleichbehandlung der Unternehmen in der EU-Stromwirtschaft unmöglich und impliziert direkte Wettbewerbsverzerrungen auf dem Strommarkt. Wie stark die deutsche Stromwirtschaft von dieser Ungleichbehandlung betroffen sein wird, muss noch analysiert werden. Aus dem Burden Sharing hat Deutschland sich ein recht ehrgeiziges Ziel von 21%-iger Minderung der Emissionen bezogen auf 1990 gesetzt. Die Last dieses Ziel ist aber nicht nur von den Stromversorgern zu tragen, sondern von allen Branchen in der Volkswirtschaft. Die Stromwirtschaft hat eher das Glück, dass sie den Emissionshandel und die daraus resultierende Flexibilität für ein Unternehmen als Alternative zu ordnungspolitischen Maßnahmen zum Erreichen des Umweltzieles auferlegt bekommt. Wenn man die bisherigen Entwicklungen in Hinsicht auf Zuteilungsverfahren und Zuteilungsmenge sowie die ganzen Sonderregelungen im ZuG2007 in Betracht zieht, kann man festhalten, dass die deutschen Stromerzeuger im internationalen Vergleich nicht benachteiligt wurden, sondern viel mehr auf der Seite der Gewinner stehen. Auf Grund des fehlenden Wettbewerbs ist aber mit einer sehr moderaten Auswirkung des Emissionshandelssystems auf die EU-Stromerzeugung zu rechnen. Oberndorfer und Rennings können ähnlich einer Reihe von modellgestützten Studien belegen, dass der Wettbewerbseffekt des Emissionshandels nur leicht negativ ausfallen wird. [DANN07, S.6].

6.1.3 Markt für Emissionsberechtigungen

Der Emissionshandelsmarkt stellt einen eigenständigen sachlich, räumlich und zeitlich abgegrenzten Markt dar. Um die Marktposition und damit die Chancen und Risiken für die Unternehmen der deutschen Stromwirtschaft darzulegen, benötigen wir die wettbewerbspolitische Analyse des Marktes in Hinsicht auf Marktanteile, potentielle Marktmacht sowie Folgen einer Marktmachtausübung. Wenn Marktmacht auf den Zertifikatmarkt besteht, dann kann ein marktbeherrschendes Unternehmen effizienzmindernd seine Marktmacht ausüben, indem es je nach individueller Situation der spezifischen Grenzvermeidungskosten Zertifikate kauft oder verkauft. Auf diese Art und Weise kann dieses Unternehmen die gehandelte Menge an Zertifikaten sowie den Preis beeinflussen. Im Vergleich zu dem wettbewerbsneutralen Fall werden dann zu wenige Transaktionen zu einem überhöhten Preis gehandelt. Der Grad der Marktmacht und die Durchsetzungskraft ihrer Ausnutzung auf dem CO_2-Markt werden durch die Marktteilnehmeranzahl, die Höhe und Streuung der Marktanteile sowie durch die Markteintrittsbarrieren bestimmt. [HITZ05, S.24]. Ob die Gestaltung des Emissionshandelssystem Marktmachtpotentiale herbeiruft wird in diesem Unterkapitel untersucht.

Der Geltungsbereich der EU-Emissionshandelsrichtlinie umfasst mehr als 12.000 Verbrennungsanlagen. Diese Anlagen gehören zu der Energiebranche sowie zu verschiedenen Branchen der energieintensiven Industrie. Dies impliziert ein buntes Marktumfeld, das zunächst keine Wettbewerbsbeschränkungen vermuten lässt. Der CO_2-Markt ist im Vergleich zu einem normalen Gütermarkt ein besonderer Markt, weil die Zertifikate, die ein Unternehmen besitzt nicht alle dem Markt zur Verfügung stehen. Marktwirksam werden nur die Emissionsberechtigungen, die nicht benötigt werden. Die Bestimmung des für die Wettbewerbsanalyse notwendigen Marktvolumens ist aber sehr schwierig. Man muss entweder die spezifischen Vermeidungskosten der einzelnen Unternehmen kennen und/oder die tatsächlichen Emissionen der ersten Handelsperiode von den Nationalen Emissionshandelsstellen beziehen. Beide Informationen sind zurzeit nicht vollständig vorhanden. Deswegen berechnen die meisten Studien (vgl. [HITZ05] und [SVED02]) den Marktanteil eines Unternehmens über die Anfangsausstattung mit Emissionsrechten, selbst wenn nicht feststeht, in welcher Höhe diese marktwirksam werden. [HITZ05, S.26]. Dies sollte jedoch das Ergebnis der Untersuchung nicht beeinflussen, weil ein Unternehmen die Menge der freien Zertifikate selbst beeinflussen kann. Die projektbezogenen Mechanismen sowie die Möglichkeiten zu Banking und Borrowing von Berechtigungen geben die notwendige Entscheidungsflexibilität. Maßgeblich für die Position eines Unternehmens im CO_2-Markt ist also die vom Staat zugeteilte Menge an Emissionsberechtigungen. Diese hängt zum einen von dem Gesamtzuteilungsvolumen des Staates, in dem das Unternehmen tätig ist, und zum anderen von der Aufteilung der Berechtigungen auf die einzelnen Anlagen ab. Deutschland ist nicht nur das Land mit den meisten Anlagen, sondern hat auch mit Abstand das höchste Zuteilungsvolumen. [DONN06, S.9]. Die Zuteilungsvolumina ausgewählter Staaten sind in Abbildung 3 dargestellt.

Zuteilungsvolumen in Mio. Tonnen

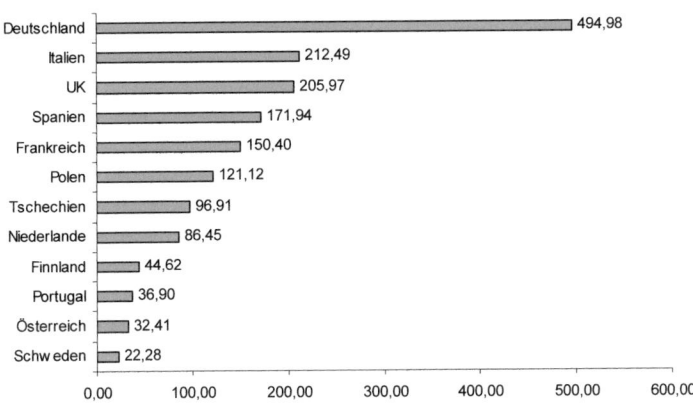

Abbildung 3: Zuteilungsvolumen pro Jahr in der 1. Zuteilungsperiode.

Quelle: EU-Register (eigene Darstellung).

Man kann die große Zuteilungsmenge als Grund für eine starke Position der inländischen Unternehmen auf dem europaweiten CO_2-Markt interpretieren. Wir interessieren uns jedoch für die Marktanteile von Unternehmen, die Emissionsrechte werden aber anlagenbezogen zugewiesen. Die Zertifikatausstattung von Unternehmen mit mehreren Standorten im Emissionshandel muss über alle Anlagen des Unternehmens aggregiert werden. Dadurch wird die Anzahl der Marktteilnehmer fast bis auf die Hälfte reduziert. Durch die Konzentration auf die Unternehmen als Marktteilnehmer wird schnell klar, dass die Betriebstrukturen in den einzelnen Ländern sehr unterschiedlich sind. So gibt es in den neuen EU-Beitrittsstaaten noch viele staatliche Unternehmen, so dass sich dort die vom Emissionshandel betroffenen Anlagen auf nur wenige Betreiber verteilen. [HITZ05, S.33]. Die Aggregation auf Unternehmensebene egalisiert zu einem sehr großen Teil die Spitzenreiterposition von Deutschland in Bezug auf die nationale Emissionsberechtigungsmenge. Eine umfassende Analyse des CO_2-Marktes bietet die Arbeit von Hitzeroth 2005 an. Sie baut auf zahlreiche ältere Untersuchungen auf und stellt fest, dass für den Zertifikatmarkt keine Marktmachtgefahr besteht, da es genügend Teilnehmer am Markt gibt und keines von diesen Unternehmen einen bedrohlich hohen Marktanteil besitzt. Selbst Großunternehmen mit Standorten in vielen EU-Ländern können keine marktbeherrschenden Emissionsberichtigungsmengen zusammenstellen. Die deutschen Stromversorger halten lediglich zusammen knapp 15% der Gesamtmenge an Zertifikaten. Konkret bedeutet dies 7% für RWE und für E.ON und Vattenfall jeweils 4%. [HITZ05, S.34]. Diese Werte liegen weit weg von sämtlichen kritischen Grenzen ab denen Markmacht vermutet werden darf.

In der Anfangsphase des Emissionshandels existiert jedoch ein anderer Faktor, der die bis jetzt gewonnen Erkenntnisse beeinflusst. Ein sehr wichtiger Parameter bei der Bestimmung des relevanten Marktes stellen die Transaktionskosten dar. Für einen möglichst einheitlichen Markt ist es notwendig, dass die Transaktionskosten im Handel zwischen Marktteilnehmern aus unterschiedlichen Ländern nicht wesentlich größer sind als innerhalb eines Landes. Typische Kosten des Emissionshandels sind die Informations-, Such-, Verhandlungs-, Zustimmungs- und Überwachungskosten. Aufgrund der niedrigen Transparenz des CO_2-Marktes, die durch die dezentrale Gestaltung auf nationaler Ebene, fehlende Erfahrung und eine immer noch schlechte Zusammenarbeit der Emissionshandelsstellen aus den verschiedenen Ländern bedingt ist, fallen diese Kosten in der Regel sehr hoch aus. Hohe Transaktionskosten zwischen Unternehmen aus unterschiedlichen Ländern können dazu führen, dass zwischen diesen Unternehmen nicht gehandelt wird und deshalb national segmentierte Märkte entstehen. [HITZ05, S.27f]. In dieser Konstellation ändert sich die Position der deutschen Stromversorger, die enorme Marktanteile im Inland besitzen. Die Stromwirtschaft in Deutschland bekommt knapp 80% der zugeteilten Emissionsberechtigungen. Die vier größten Unternehmen kommen sogar auf einen Anteil von 60%. [DEHS07, S.10f]. Über ihre Marktmacht können die großen Stromkonzerne einen gewissen Druck auf Preis und Handelsvolumen ausüben sowie, wie in 6.1.1 dargelegt, die Kostensituation von Mitwerbern über den Emissionshandel beeinflussen. Ob dies gelingt, wurde bis heute nicht untersucht. Wenn überhaupt wird eine Marktmachtausübung nur in geringerem Maße möglich sein. Die Wettbewerber haben ständig die Möglichkeit, kurzfristig auf den CO_2-Markt auf EU-Ebene auszuweichen und mittel- bis langfristig Emissionsminderungsmaßnahmen mit den weiteren flexiblen Mechanismen des Kyoto-Protokolls durchzuführen.

6.1.4 Zusammenfassung

Die Analyse der Auswirkungen des Emissionshandels legt eindeutige Erkenntnisse fest. Auf dem deutschen Strommarkt ist eine Stärkung der Marktmacht der vier großen Verbundunternehmen zu erwarten. Diese Unternehmen werden durch hohe Windfall Profits, bessere Anpassungsmöglichkeiten, finanzielle Stärke, effektive Lobby-Arbeit sowie minimale Verwatungskosten begünstigt. Auf EU-Ebene besitzt der Emissionshandel identische Wirkungspotentiale wie auf dem nationalen Markt in Deutschland. Der fehlende Wettbewerb macht aber eine Analyse sehr schwierig. Der Strombinnenmarkt ist in erster Linie vielmehr durch die politischen Rahmenbedingungen beeinträchtigt. Wettbewerbsverzerrend wirkt die durch den Burden Sharing und die dezentrale Allokation bedingte Nicht-Gleichbehandlung von Unternehmen unterschiedlicher Länder.

Für den Emissionshandelsmarkt wird auf Grund der hohen Anzahl der Teilnehmer zunächst weder eine Marktkonzentration noch eine marktbeherrschende Stellung erwartet. Als problematisch wird eine geographische Segmentierung des Marktes auf Grund hoher internationaler Transaktionskosten angesehen. Dies kann zu Gebietsmonopolen und Minderung der Effektivität des Instrumentes führen. Obwohl die deutsche Stromwirtschaft einen beachtlichen Marktanteil am deutschen CO_2-Markt besitzt, ist wegen existierender Ausweichmöglichkeiten der restlichen Marktteilnehmer eine Marktmachtausübung nur in geringem Maße möglich.

6.2 Marktmachtmissbrauch

Die steigenden Strompreise haben dazu geführt, dass dem Bundeskartellamt Beschwerden im Hinblick auf die Einführung des Emissionshandels und dessen Auswirkungen auf die Strompreisbildung vorgelegt wurden. Beschwert haben sich verschiedene Unternehmen und Unternehmensvereinigungen aus den stromintensiven Industrien. Daraufhin hat das Bundeskartellamt ein Verfahren gegen die E.ON Energie AG und die RWE AG eingeleitet. Die Beschwerdeführer behaupten, E.ON, RWE und andere Stromerzeuger kalkulieren den jeweils aktuellen Börsenpreis der ihnen mit dem ZuG2007 unentgeltlich zugeteilten Emissionsberechtigungen in ihre Stromverkaufspreise ein. Der Vorwurf des Bundeskartellamtes lautet, das Einpreisen führe zu einem den Strompreis insgesamt aufblähenden Opportunitätsgewinn. Dieser schätzt der beschwerdeführende Verband VIK auf jährlich 1,8 Mrd. Euro für RWE und für die gesamte deutsche Strombranche auf über 5 Mrd. Euro. Die These ist, die unentgeltlich zugeteilten Emissionsberechtigungen stellen rein kalkulatorische Kosten dar und das Einpreisen ist nur wegen des Fehlens von funktionierendem Wettbewerb auf dem Strommarkt möglich. [ZENK06, S.205f]. Beide Stromerzeuger sind den Vorwürfen entgegengetreten. Die Unternehmen gerechtfertigen ihr Handeln damit, dass der aktuelle Börsenwert der für die Stromerzeugung benötigten Zertifikate ein notwendiger Bestandteil ihrer variablen Kosten und damit ein Bestandteil ihrer Grenzkosten ist. Dies ergibt sich aus einfachen betriebswirtschaftlichen und wettbewerbstheoretischen Überlegungen. Bei einem wirksamen Wettbewerb bildet sich der Strompreis auf Basis der Grenzkosten. Ein betriebswirtschaftlich handelnder Stromerzeuger stellt eine zusätzliche Einheit Strom nur dann, wenn er dafür auf dem Markt einen Preis erzielen kann, der mindestens seinen Grenzkosten entspricht. Einen Preis zu akzeptieren, der unter den eigenen Grenzkosten liegt, ist irrational. Mit der Einführung des EU-Emissionshandels haben sich die Grenzkosten von den Kraftwerken verändert. Der Wert der für die Stromerzeugung eingesetzten Emissionsberechtigungen ist als Bestandteil der Grenzkosten anzusetzen, und zwar unabhängig davon, ob die jeweilige Emissionsberechtigung kostenfrei zugeteilt oder auf dem Markt gekauft wird. Dabei ergibt sich der Wert eines Emissionszertifikates aus dem durch den Verbrauch entgangenen Nutzen eines Zertifikates. Grundlage dafür ist der Preis, den der Stromerzeuger hätte erzielen können, wenn er die Emissionsberechtigung im Zeitpunkt der Emissionsentscheidung verkauft hätte. Dieser Preis lässt sich am besten dem Börsenkurs für Emissionsberechtigungen entnehmen. Der Börsenkurs spiegelt den Wettbewerbspreis wider, weil der Emissionshandelsmarkt ein Wettbewerbsmarkt ist. Der Vorwurf des Missbrauchs marktbeherrschender Stellung ist juristisch gesehen im Sinne von § 19 GWB und § 82 EGV zu untersuchen. [ZENK06, S.207].

6.2.1 § 19 Abs.1 GWB

Nach § 19 Abs.1 GWB ist die missbräuchliche Ausnutzung einer marktbeherrschenden Stellung verboten. Daher ist zunächst zu untersuchen, ob
die beschuldigten Unternehmen Marktherrscher sind. Der sachlich
relevante Markt wird nach dem Konzept der funktionalen Austauschbar-
keit aus Abnehmersicht festgelegt. Entscheidend dabei ist nicht, mit
welchen Produkten der Hersteller konkurrieren will, sondern mit welchen
Produkten der Abnehmer das Produkt austauschen kann. Von dem
Bundeskartellamt wird der bundesweite Stromvertriebsmarkt als relevan-
ter Markt festgelegt. Auf diesem Markt besteht ein marktbeherrschender
Duopol von E.ON und RWE, mit einem Kapazitätsanteil von nahezu 60%.
Auf dieser Vertriebsebene ist der Handelswert der Emissionsberechtigungen im Strompreis eingerechnet und die Nachfrage wird ausschließlich
von Großkunden gebildet, die auch die Beschwerdeführer sind. [ZENK06,
S.209]. Als nächstes konkretisiert das Bundeskartellamt den allgemeinen
Vorwurf des Marktmachtmissbrauchs, indem es von den in § 19 Abs.4
aufgezählten Fällen ausschließlich den Preishöhenmissbrauch in Betracht
zieht. Danach liegt ein Missbrauch vor, wenn ein marktbeherrschendes
Unternehmen Entgelte fordert, die von denjenigen abweichen, die sich
bei wirksamem Wettbewerb mit hoher Wahrscheinlichkeit ergeben
würden. Maßstab für den Missbrauch ist also der hypothetische Wettbewerb. Für diese Prüfung ist insbesondere das Vergleichmarktkonzept anwendbar. Dies bedeutet, dass die Verhaltensweisen von Unternehmen
auf vergleichbaren Märkten mit wirksamem Wettbewerb untersucht werden. Dieses Wettbewerbskonzept vergleicht die tatsächlichen Entgelte,
die dank Marktmacht durchgesetzt werden können, mit diesen der Wettbewerbssituation. Als erstes schaut das Bundeskartellamt auf die Strom-
großhandelsmärkte der anderen EU-Mitgliedstaaten. Diese erweisen sich
als eher unpassend für die Untersuchung. Zwar sind diese Strommärkte
auf vergleichbarer Weise wie der deutsche Markt vom Emissionshandel
betroffen, dort aber herrscht weitgehend kein wirksamer Wettbewerb.
Damit scheidet das räumliche Vergleichmarktkonzept aus. Aus diesem
Grund greift das Bundeskartellamt auf die Analyse des Verhaltens der Unternehmen in den anderen vom Emissionshandel betroffenen Branchen
zurück. Nach seinen Ermittlungen scheitert eine Einpreisung der Emissionsberechtigungen in allen anderen Emissionshandelsbranchen an dem
dort herrschenden Wettbewerb. Zwar lassen sich die Wettbewerbsver-
hältnisse verschiedener Branchen nur schwer vergleichen, eine strukturel-
le Vergleichbarkeit wird jedoch durch die Teilnahme am Emissionshandel

durchaus gerechtfertigt. An diesem Punkt erklärt das Bundeskartellamt den Ansatz des Vergleichsmarktprinzips als nicht anwendbar, der Grund - das Fehlen einer geeigneten Datenbasis. Das erweist sich als ein schwerer Schlag für die klagenden Industriesektoren, die ihre ganzen Begründungen genau auf diesen Vergleich gestützt haben. [ZENK06, S.210f].

Im Weiteren baut das Bundeskartellamt auf einen Vergleich der Erlöse mit und ohne Emissionshandel auf. Dabei will man aus einem eventuellen überproportionalen Verhältnis zwischen den tatsächlichen entstandenen Kosten und dem tatsächlich verlangten Preis auf einen Marktmachmissbrauch schließen. Ausgangspunkt ist die kostenfreie Zuteilung der Emissionsberechtigungen. Ein Unternehmen muss tatsächlich nur die Unterausstattung mit Zertifikaten durch einen Zukauf oder durch Emissionsminderungsmaßnahmen ausgleichen. Somit sind produktionstechnisch nur die Kosten der fehlenden Zertifikate einzupreisen. Damit bleibt die Frage, ob der von den Stromkonzernen geforderte Preis in einem angemessenen Verhältnis zu den Kosten der angebotenen Leistung steht. Ob dies hier so ist, lässt das Bundeskartellamt offen. Es wird lediglich darauf hingewiesen, dass der nicht unerhebliche Kostenaufwand im Rahmen der Antragstellung und Handling des Emissionshandels seitens der Unternehmen unbedingt zu berücksichtigen ist. [ZENK06, S.212f]. Die Prüfung des Amtes hat schließlich ergeben, dass aus stromwirtschaftlichen und emissionsrechtlichen Gründen lediglich für eine geringe Zahl der den Kraftwerksbetreibern zugeteilten Emissionsberechtigungen tatsächlich alternative Verwendungen bestanden hat. Nur insoweit wäre ein monetärer Nutzen entgangen, wenn der Wert dieser Zertifikate nicht einkalkuliert worden wäre. Unter Heranziehung eines brennstoffübergreifenden Umrechnungsfaktors und eines „Erheblichkeitszuschlags" beanstandet das Bundeskartellamt deshalb in seiner vorläufigen Verfügung eine Überwälzung von bis zu 25% des im Strompreis anteilig enthaltenen Zertifikatswertes nicht. Jede darüber hinaus stattfindende Überwälzung wäre als Missbrauch einer marktbeherrschenden Stellung anzusehen. [BKAR07].

6.2.2 Art. 82 EGV

Nach Art. 82 EGV ist die missbräuchliche Ausnutzung einer marktbeherrschenden Stellung auf dem Gemeinsamen Markt oder auf einem wesentlichen Teil davon durch ein oder mehrere Unternehmen mit dem Gemeinsamen Markt unvereinbar und verboten, soweit dies dazu führt, dass der Handel zwischen den Mitgliedstaaten beeinträchtigt wird. Bislang lässt das Bundeskartellamt die Frage nach der Stellung der deutschen Stromkonzerne im Gemeinsamen Markt offen. Diese Frage ist auch nicht ohne weiteres zu beantworten. Das EG-Recht gibt sehr komplexe Kriterien zur Beurteilung der Position eines Unternehmens auf dem Markt vor. Neben Marktanteil sind Abstand zu dem nächsten Wettbewerber sowie der potentielle Wettbewerb entscheidend. Auch die Beeinträchtigung des zwischenstaatlichen Handels definiert ein komplexes Aufgabenfeld, das eine sorgfältige Analyse bedarf. Angesichts der geringeren Verflechtung der europäischen Stromkonzerne untereinander und der eher regional orientierten Angebotsstruktur des Strommarktes, bietet die Untersuchung nach EG-Recht keine eindeutige Angriffsgrundlage. Ein Verfahren muss mit Sicherheit die unterschiedlichen nationalen Allokationsverfahren sowie deren Effekte auf dem Gemeinsamen Markt detailliert untersuchen. [ZENK06, S.214].

6.2.3 Zusammenfassung

Das Thema Emissionshandel und deren Auswirkung auf die Strompreisbildung beschäftigte bereits auch andere europäische Wettbewerbsbehörden. Die dänische Kartellbehörde hat am 30.11.2005 ein Verfahren gegen die Elsam wegen Preishöhenmissbrauchs eingeleitet. Die Untersuchung schreitet jedoch sehr zögerlich voran. Die dänische Behörde zielt wie die deutsche auf die Belegung der Einpreisung von Emissionsberechtigungen in den Strompreis ab. Die schwedische Energieaufsicht hat es als einzige auf dem Punkt gebracht. Sie hält fest, dass die Strompreise sich nach den Brennstoffkosten und den CO_2-Emissionen des Grenzkraftwerks richten. Obwohl die Grundlast der schwedischen Stromerzeugung weitgehend von CO_2-neutraler Wasser- und Kernkraft gedeckt wird, werden die Strompreise durch den Kohlepreis und die CO_2-Emissionenskosten eines Kohlekraftwerks bestimmt. Die schwedische Energieaufsichtsbehörde meint, dass diese Entwicklung auf die Mechanismen des Marktes und nicht auf fehlenden Wettbewerb zurückzuführen ist. [ZENK06, S.207]. Es ist klar, dass die Stromkonzerne die Marktsituation ausnutzen, um die kalkulatorisch höheren Kosten an die Konsumenten abzuwälzen. Doch darin steckt der Sinn des Emissionshandels. Nur wenn die Zertifikatpreise in die Bildung des Stromgroßhandelspreises einfließen, kann der marktwirtschaftliche Lenkungseffekt erzielt werden, der dem Emissionshandel zu Grunde liegt. In Wahrheit kollidiert dieser Untersuchungsansatz frontal mit dem Opportunitätskostenansatz zur Zertifikatverrechnung der Unternehmen.

6.3 Investition und Innovation

Dem Stromerzeugungssektor kommt für langfristige Emissionsvermeidungsmaßnahmen eine Schlüsselrolle zu. Diese Schlüsselrolle ergibt sich vor allem aus dem erheblichen Verursacheranteil dieses Sektors an den gesamten CO_2-Emissionen in Deutschland sowie in der Europäischen Union und aus dem sehr langlebigen Kapitalstock im Bereich der Stromerzeugung. In ZuG2007 und zukünftig in ZuG2012 wird eine Reihe von Regelungen vorgesehen, die Investitions- und Innovationsanreize bei den Stromerzeugern schaffen sollen. In diesem Unterkapitel wird der Innovationsanreizgehalt des Emissionshandelssystems untersucht.

6.3.1 Investitionsanreize

Das ZuG 2007 enthält einige Regelungen, die die Investitionen in neuen und modernen Anlagen vorantreiben sollen. Diese wurden in Punkt 3.3.2 umfangreich diskutiert und werden hier daher als bekannt angenommen. Die Regelung für Neuanlagen sieht eine 14-jährige Befreiung von Emissionsminderungspflichten. Das bedeutet, dass bei Neuanlagen eine Zuteilung mit einem Erfüllungsfaktor von 100% erfolgt. Als Zuteilungsbasis dienen die Emissionsmenge der jeweils besten Technologie auf dem Markt und das geplante Auslastungsniveau. Dieses Instrument konnte aber in der ersten Handelsperiode keine eindeutige Wirkung zeigen. Das Problem liegt in der kostenlosen Zuteilung für bestehende Anlagen. Solange der Anteil der kostenlosen Zuteilung vergleichsweise hoch liegt, Experten sprechen von einem Anteil über 50%, werden Freistellungsfristen nicht zu signifikanten Veränderungen des Investitionsverhaltens führen. Das Niveau der kostenlosen Zuteilung im Bezug auf das Emissionsniveau ist damit deutlich wichtiger als die Freistellungsfristen hinsichtlich der Anwendung eines Erfüllungsfaktors. [MATT06, S.102]. Somit bleibt für Unternehmen attraktiver ihre Altanlagen zu fahren und gegebenenfalls lediglich eine Effizienzsteigerung vorzunehmen. Die Stromkonzerne sind eher von der Übertragungsregelung für Newcomer-Anlagen gelockt worden. Diese sieht vor, dass wenn im Anschluss der Stilllegung einer alten Anlage eine Neuanlage in Betrieb genommen wird, kann die Zertifikatausstattung der Altanlage für die ersten vier Jahre auf die neue Anlage übertragen werden. Nach diesem Zeitraum erhält die Neuanlage 14 Jahre lang eine Zuteilung mit einem Erfüllungsfaktor von eins. Die Übertragungsregelung soll Anreize zu Investitionen in neuen Anlagen schaffen und gleichzeitig alte CO_2-intensive Anlagen vom Netz nehmen. Vom Gesetz wird jedoch eine Zusatzmöglichkeit gewahrt, die in der ersten Handelsperiode von den Energieerzeugern sehr stark ausgenutzt wurde. Werden die Alt- und die Neuanlage parallel betrieben, kann die Übertragung von Emissionsberechtigungen um bis zu zwei Jahre verlängert werden. Dies hat dazu geführt, dass Stromkonzerne enorme Mengen an Zertifikaten einsparen konnten ohne dafür die notwendigen Emissionsminderungsmaßnahmen durchgeführt zu haben. Der Trick ist: man produziert mit der Neuanlage an der oberen Kapazitätsgrenze mit 100%-ger Ausstattung an Berechtigungen und fährt gleichzeitig die Altanlage an die untere Kapazitätsgrenze bei der geringsten Emissionsbelastung. Somit erzielt man einen gewaltigen Überschuss an Berechtigungen, die der Altanlage zugeteilt aber nicht verbraucht wurden. Anhand der obigen Ausführungen kann man schnell Erkennen, dass die im Regelwerk des Emissionshandels enthaltenen Anreizinstrumente ihre Wirkungskraft nicht entfalten können. Die Hauptbremse stellt das Verfahren der Zuteilung dar. Die kostenlose Abgabe der Zertifikate eröffnet den Unternehmen ungeplante Ausweichmöglichkeiten.

6.3.2 Innovationsanreize

Schon heute wird für den Zeitraum der nächsten 25 Jahre durch die Altersstruktur des Kraftwerkparks ein Sockel von 40% der CO_2-Emissionen festgelegt, der durch neue Kraftwerke neu zu gestalten ist. Die für bestimmte Zeithorizonte in der Zukunft erreichbaren Emissionsniveaus sind vor allem von drei Faktoren abhängig:

1. Inwieweit gelingt es, die Strom-Nachfrage durch Effizienzerhöhung zu begrenzen bzw. durch Sparmaßnahmen zu reduzieren

2. Welche Rolle wird die Stromerzeugung aus erneuerbaren Energien in den nächsten Dekaden spielen können

3. Welche Emissionsminderungen können im Zuge der altersbedingten Modernisierung des fossilen Kraftwerkparks erzielt werden.

Selbst wenn die Stromnachfrage wegen steigenden Preisen und besserem Umweltbewusstsein gedämpft wird und das ehrgeizige Ziel von 20%-igem Anteil der erneuerbaren Energien an der Stromerzeugung in der EU erfolgreich verfolgt wird, ergibt sich bei der Modernisierung des konventionellen Kraftwerkparks ein erheblicher Handlungsbedarf. [MATT06, S.100]. Nur bei der Einführung von neuen modernen emissionsarmen Technologien sind das erfolgreiche Nachgehen der Verpflichtungen aus dem Kyoto-Protokoll sowie eine nachhaltige EU-Energiepolitik erreichbar. Im Rahmen des EU-Emissionshandelssystems haben die Zuteilungsregeln für Neuanlagen den entscheidenden Einfluss bei Investitionsentscheidungen in innovativen Technologien. Diese bestimmen am stärksten die sich einstellenden Zertifikatpreise und die erzielbaren Emissionsniveaus. Das derzeit in Deutschland eingesetzte Modell einer nach Brennstoffen differenzierten Zuteilung für Neuanlagen führt allerdings zu einer Verzerrung des Preissignals aus dem CO_2-Markt, das wiederum in Investitionsentscheidungen einfließt. Jede Neuanlage bekommt eine Zuteilung mit Zuteilungsbasis, die die jeweils beste Technologie des gleichen Brennstoffs auf dem Markt in Betracht zieht. Diese Regel impliziert, dass die Modernisierungsstrategie der Stromerzeuger allein auf eine Effizienzerhöhung der fossilen Kraftwerke gleichen Brennstoffes abzielt und der Brennstoffwechsel zu weniger CO_2-intensiven Brennstoffen weitgehend blockiert bleibt.

6.3.3 Zusammenfassung

Die derzeitige Strategie zur Schaffung von Investitions- und Innovationsanreizen im Stromerzeugungssektor zeigt keine Wirkung. Die gesetzliche Begünstigung von Neuanlagen in Form einer Freistellung von Emissionsminderungen sowie die Übertragungsregelung für Altanlagen stellen in der Theorie klare Vorteile für Newcomer dar. Doch die Situation in der Praxis sieht anders aus. Den Unternehmen gelingt es Lücken im Gesetz zu nutzen und sich dem Emissionsminderungsdruck zu entziehen. Die Anreizregelungen werden in der Literatur jedoch gar nicht kritisiert. Das Problem wird in der Kombination dieser Regelungen mit der unentgeltlichen Zuteilung und nicht einheitlichem Benchmark gesehen.

7. Industrieökonomische Bewertung

Mit dem EU-Emissionshandel hat am 1. Januar 2005 ein neues Kapitel für den Klimaschutz begonnen. Eine Bewertung des Einsatzes des Emissionshandels muss nicht allein unter ökologischen Kriterien erfolgen, sondern vor allem aus einzel- und gesamtwirtschaftlicher Sicht. Zielführend ist damit nicht nur die Frage, ob die anspruchsvollen Klimaschutzziele erreicht werden, sondern vor allem auch, dass sie ökonomisch effizient erreicht werden. Der Emissionshandel verspricht beides – eine punktgenaue Zielerfüllung auf einzel- und gesamtwirtschaftlich effizientem Wege. Die ökologische Effizienz des Instrumentes wird sowohl unter statischen, als auch unter dynamischen Rahmenbedingungen garantiert, denn die insgesamt zulässige Emissionsmenge wird zentral durch die Zuteilungsmenge festgelegt und kann nicht überschritten werden. Die ökonomische Effizienz wird dadurch gewahrt, dass über die marktgesteuerte Verknappung des Gutes CO_2 Emissionsminderungsmaßnahmen dort durchgeführt werden, wo es am kostengünstigsten ist. Zudem schafft der Emissionshandel über die CO_2-Verknappung Investitions- und Innovationsanreize auf einzelwirtschaftlicher Ebene. Der Emissionshandel baut auf den Verursacherprinzip auf, kann die Internalisierung negativer externer Effekte erzwingen und eröffnet den betroffenen Unternehmen bei der Einhaltung umweltpolitischer Vorgaben eine bislang unbekannte Flexibilität. Somit liegen die Potentiale des Emissionshandelssystems für das effiziente Erreichen der Umweltziele aus dem Kyoto-Protokoll auf der Hand und lassen aus umweltpolitischer Sicht keinen Zweifel an die Überlegenheit des neuen Instruments zu. Das Umsetzen dieser Potentiale in der Praxis bedarf aber einer entsprechenden Ausgestaltung des Emissionshandelssystems und birgt viele Schwierigkeiten in sich. Genau diese Ausgestaltungsschwierigkeiten sowie die direkte Wirkung des Emissionshandels auf die vorherrschende Wettbewerbssituation in der stromerzeugenden Branche lassen das Emissionshandelssystem aus industrieökonomischer Sicht nicht unbedenklich erscheinen. **Das erste Problemgebiet** stellen die immensen Windfall Profits der Stromwirtschaft sowie der seit Einführung des Emissionshandels steigende Strompreis dar. Die Ausgestaltung des Emissionshandelssystems ermöglicht es den Stromversorgungsunternehmen über die Einpreisung der Zertifikatkosten sehr hohe Gewinne zu erzielen, denen keine Kosten gegenüber stehen. Es ist klar, dass die Stromkonzerne ihre Marktmacht ausnutzen, um die höheren Kosten an die Konsumenten weiterzugeben. Doch nur dann, wenn die Zertifikatpreise in die Bildung des Stromgroßhandelspreises einfließen, kann der marktwirtschaftliche Lenkungseffekt erzielt werden, der dem Emissionshandel zu Grunde liegt. Dies wurde politisch gewollt, um Anreize für eine CO_2-Reduzierung zu geben. Somit ist die zurückhaltende Stellung der Wettbewerbsbehörden im Bezug auf die Marktmachtmissbrauchskontrolle zu begrüßen. Direkte Verbote oder eine Regulierung würden den marktwirtschaftlichen Charakter des Emissionshandels gefährden und damit alle Erfolgsaussichten vernichten. Eine Lösung des Problems der Windfall Profits muss viel mehr in der Ausgestaltung des Handelssystems gesucht werden. Die wichtigste Baustelle in diesem Fall ist das Zuteilungsverfahren. Der Emissionshandel kann nur dann weiterhin Bestand haben, wenn die Erstausstattungen je nach Emissionsminderungsziel knapp zugeteilt und/oder versteigert werden. Eine Einpreisung der Opportunitätskosten ist nur dann ökonomisch vertretbar, wenn reale Kosten entstanden sind. Eine Versteigerung der Emissionsrechte, wenn auch nur zu einem kleinen Teil, hätte zwei Vorteile. Erstens, es würde für mehr Transparenz gesorgt - die Vermeidungskosten und die Höhe der tatsächlichen Emissionen auf Unternehmensebene würden sichtbar werden. Und zweitens, nicht die Unternehmen würden über die Einnahmen aus dem Emissionsrechthandel - Windfall Profits - verfügen, sondern der Staat. Mit den Einnahmen könnte beispielsweise eine Senkung der Ökosteuer vorgenommen werden und somit der Strompreis entlastet werden. [KEMF07, S.18]. Nach der EU-Emissionshandelsrichtlinie ist eine Versteigerung der Emissionsberechtigung für die zweite Handelsperiode zu nur 10% möglich. Im deutschen NAP2 wird diese Möglichkeit ungenutzt bleiben. Der Gesetzgeber will die Windfall Profits der Stromwirtschaft durch den Ausschluss einer Überallokation und durch eine stärkere Belastung der Energiebranche im Vergleich zu anderen Teilnehmern bekämpfen. Für den Zeitraum 2008-2012 werden die Anlagen der Energiewirtschaft nach einem Erfüllungsfaktor von 85% mit Emissionsberechtigungen ausgestattet. Das bedeutet die Stromerzeuger bekommen 15% weniger Zertifikaten als sie brauchen. [KEMF07, S.5]. Als Begründung nennt die Regierung einen geringeren Wettbewerb mit Konkurrenten außerhalb der EU und die Möglichkeit der Einpreisung der Opportunitätskosten. [BUND07]. Inwiefern diese Maßnahme wirksam wird, bleibt allerdings abzuwarten. Sie wird eher als den Schritt in die richtige Richtung als die Lösung des Problems angesehen. Mit diesem Schritt legitimiert die Politik die bisherigen Strompreisentwicklungen und sieht ein, dass das Problem der Windfall Profits nicht über die Wettbewerbsbehörden zu lösen ist. **Das zweite Problemgebiet** stellen die Auswirkungen des Emissionshandelssystems auf die Wettbewerbssituation in den Strommärkten dar. Schon bei der Ausgestaltung des Systems hat man einen sehr großen Wert auf die

Wettbewerbsneutralität gelegt. Dem Verursacherprinzip folgend soll der Emissionshandel die größten CO_2-Emittenten mit Kosten der Umweltnutzung belasten und damit eine emissionsärmere Produktion erzwingen. In der ersten Handelsperiode ist dieses Ziel vollkommen verfehlt worden. Durch die Überallokation von Berechtigungen werden die deutschen Großemittenten reichlich mit kostenlosen Zertifikaten ausgestattet. Dadurch sind sie in der Lage im Vergleich zu ihren Konkurrenten höhere Windfall Profits zu erzielen. Zudem können die großen Stromerzeuger durch bessere Anpassungsfähigkeit und finanzielle Stärke ihre Marktmacht ausbauen und bekommen Chancen ihre Konkurrenten vom Markt zu verdrängen sowie potentiellen Wettbewerb zu verhindern. Darüber hinaus legt das Emissionshandelssystem Rahmenbedingungen fest, die wettbewerbsverzerrend wirken. Die Behandlung von Neuanlagen und die Höhe der Transaktionskosten stellen Hindernisse für kleine Unternehmen dar. Auf dem deutschen Strommarkt ist damit ein Ausbau der Marktmacht der vier großen Verbundunternehmen zu erwarten. Auf EU-Ebene besitzt der Emissionshandel identische Wirkungspotentiale wie auf dem nationalen Markt in Deutschland. Der fehlende Wettbewerb macht aber eine Analyse sehr schwierig. Der Strombinnenmarkt ist in erster Linie durch die politischen Rahmenbedingungen beeinträchtigt. Wettbewerbsverzerrend wirkt die durch den Burden Sharing und die dezentrale Allokation bedingte Nicht-Gleichbehandlung von Unternehmen aus unterschiedlichen Ländern. Um solche Wettbewerbsverzerrungen zu vermeiden, ist eine EU-weite Harmonisierung der Kriterien für die Höhe sowie die Zuteilungsregeln anzustreben. Dabei ist allerdings zu berücksichtigen, dass die Flexibilität der Mitgliedstaaten bei der nationalen Zuteilung überhaupt erst ermöglicht hat, dass ein EU-weites Emissionshandelssystem eingeführt werden konnte. Die Größenvorteile der stärksten Stromversorger im Hinblick auf Anpassungsfähigkeiten und finanzielle Stärke sind Gegebenheiten, die politisch nicht beeinflusst werden können und dürfen. Es muss jedoch versucht werden, die Verzerrungen aus der Ausgestaltung des Emissionshandelssystems zu beseitigen. In diesem Punkt wird nochmals eine europaweite Versteigerung der Emissionsberechtigungen als die passende Lösung herangezogen. Diese wird die Überallokation von Berechtigungen verhindern, eine Lobby-Arbeit sinnlos machen sowie Alt- und Neuemittenten gleich stellen. Damit wird ein großer Teil der durch den Emissionshandel entstandenen Begünstigungen der großen Stromerzeuger aufgehoben werden. Der Markt für Emissionsberechtigungen wird aus industrieökonomischer Sicht als unbedenklich angesehen. Auf Grund der hohen Anzahl der Teilnehmer sind weder eine Marktkonzentration noch eine marktbeherrschende

Stellung zu erwarten. Problematisch wirkt nur eine regionale Segmentierung des Marktes auf Grund hoher Transaktionskosten des internationalen Zertifikathandels. Die zahlreichen existierenden Ausweichmöglichkeiten der Marktgegenseite machen aber eine potentielle Marktmachtausübung sehr unwahrscheinlich. Zudem werden die Verbesserung der Zusammenarbeit von nationalen Emissionshandelsstellen, die geplante Einbeziehung von weiteren Branchen und die eventuelle Verknüpfung des EU-Emissionshandelssystem mit anderen Emissionshandelssystemen den CO_2-Markt weiter verbreiten und eine hohe Wettbewerbsintensität garantieren. **Das dritte Problemgebiet** stellen die nicht wie gewollt funktionierenden Investitions- und Innovationsanreizstrukturen dar. Die im Regelwerk des Emissionshandels enthaltenen Anreizinstrumente konnten bis jetzt ihre Wirkungskraft nicht entfalten. Weder die Übertragungsregelung noch die 14-jährige Freistellung von Emissionsminderungen können die bestehenden Möglichkeiten zur Reduktion der CO_2-Emissionen in einem ökonomisch sinnvollen Umfang ausschöpfen. Bei den Anreizen zur Entwicklung neuer Reduktionsmöglichkeiten sieht es leider genauso düster aus. Das brennstoffbezogene Zuteilungsverfahren für Neuanlagen blockiert die Innovation und macht kostengünstigere und emissionsreichere Lösungen vorteilhafter. Daher bewirken die aus Sicht der CO_2-Minderung kontraproduktiven Neuanlagen-Zuteilungsregeln eine ökonomisch suboptimale Erneuerung des Kraftwerkparks. Dies kann dazu führen, dass anspruchsvolle Emissionsminderungsziele nicht mehr erreicht werden können. Werden solche aber trotzdem weiter gesetzt, wird der Preis für Emissionsberechtigungen erheblich ansteigen und das Emissionshandelssystem in eine enorme Kostenbelastung verwandeln. Als Lösung des Problems bieten sich zwei Maßnahmen an. Die gerechteste Vergabemethode im Stromsektor ist ein einheitlicher Benchmark für alle Anlagen. Das bedeutet, dass eine feste Menge Emissionszertifikate pro kWh Strom unabhängig von der Erzeugungsart zugeteilt werden sollte. Die gleiche spezifische Zuteilung unabhängig vom Effizienzgrad und vom Brennstoff führt zu einer optimalen Anreizstruktur, Emissionen in Bestands- und Neuanlagen einzusparen. Denn wenn Kraftwerke mit höheren Emissionen immer eine höhere Zuteilung erhalten als klimafreundliche, gäbe es weniger Anreiz die Emissionen zu senken. Zudem ist eine teilweise Versteigerung der Emissionsberechtigungen als alternative Lösung möglich. Diese wird für eine höhere Markttransparenz sorgen und somit die heutige Verzerrung des Preissignals des CO_2-Marktes aufheben.

Die Anfangsgestaltung des EU-Emissionshandelssystems wirkt in vielerlei Hinsicht nicht wettbewerbsneutral. In Bezug auf die Wettbewerbssituation in den zwei relevanten Strommärkten sind erhebliche Defizite festzustellen. Zudem funktioniert die Schaffung von Investitions- und Innovationsanreizen nicht in der gewünschten Form und mit der notwendigen Intensität. Die großen deutschen Stromerzeuger sind die Gewinner aus der Einführung des Emissionshandelssystems. Sie konnten sich dem neuen umweltpolitischen Instrument bestens anpassen und nicht nur die erwartete immense Kostenbelastung vermeiden, sondern auch sich notwendigen Emissionsminderungsmaßnahmen weitgehend entziehen. Das Emissionshandelssystem hat den deutschen Stromversorger Windfall Profits in Milliarde Höhen beschert und Möglichkeiten zu einem Ausbau ihrer Marktmacht eröffnet. Diese Entwicklung spiegelt die ökologischen und ökonomischen Effizienzpotenziale des Emissionshandels nicht wider. Diese Potentiale bestehen jedoch weiterhin. Für die zweite Handelsperiode sowie für die Post-Kyoto-Zeit gilt es, die Probleme aus der Startphase des Emissionshandelssystems zu lösen und diesem innovativen Instrument die Chance zu geben, seine Überlegenheit umzusetzen.

8. Fazit

Der Start des EU-Emissionshandels Anfang 2005 ist grundsätzlich positiv zu bewerten. Zum ersten Mal werden in großem Stil und auf internationaler Ebene die Ziele des Kyoto-Protokolls durch konkrete Maßnahmen mit Leben erfüllt. Anlass zur Diskussion geben bislang vor allem die hohen Windfall Profits der Energiewirtschaft, die steigenden Strompreise, die volatile Preisentwicklung auf dem CO_2-Markt sowie die geringe Wettbewerbsneutralität des Systems. Anstelle einer kostenlosen Zuteilung der Zertifikate wäre eine schrittweise Erhöhung der Versteigerungsanteile in den nächsten Jahren sinnvoll. Hauptvorteil der Versteigerung ist, dass der Marktmechanismus bereits im Vergabeprozess seine positive Wirkung entfaltet und damit eine hohe Transparenz und Entbürokratisierung des Emissionshandelssystems erreicht wird. Darüber werden nahezu alle Vorteile für die großen deutschen Stromversorger beseitigt und der Umstieg auf kohlenstoffärmere Energieträger und -technologien beschleunigt. Bei der Diskussion hinsichtlich steigender Strompreise muss man beachten, dass der Emissionshandel nur auf dem ersten Blick der Kostentreiber ist. Die Wurzeln der Kostenbelastung liegen in den Kyoto-Verpflichtungen. Die gesetzten Umweltziele müssen erreicht werden und der Emissionshandel ist lediglich das Instrument, das die effiziente Zielerreichung sicherstellt. Es bleibt zu hoffen, dass die Kräfte des freien Marktes in der Zukunft nicht durch ordnungspolitische und politisch motivierte Eingriffe so beschnitten werden, dass der Emissionshandel seine marktwirtschaftliche Überlegenheit nicht ausspielen kann. Das Emissionshandelssystem bleibt der Hoffnungsträger für eine marktwirtschaftliche Umweltpolitik. Wegen seines Symbolcharakters ist es sinnvoll, die bisherigen Kinderkrankheiten rasch zu kurieren und das Instrument für die kommende Dekade fit zu machen. Wenn Europa zeigt, dass der Emissionshandel ein Erfolgsgarant ist, dürften andere Länder, die bisher zögerlich handeln, folgen und das innovative Modell zur Verbesserung des Weltklimas imitieren bzw. sich anschließen. Alles in allem ist der Emissionshandel ein wichtiges Instrument für eine ökologisch effektive und ökonomisch effiziente Umweltpolitik. Ein Trade-Off zwischen wirtschaftlichen und umweltpolitischen Interessen wird immer bestehen. Bis zu einem gewissen Punkt ist dieser ökonomisch optimierbar. Doch Ökonomie und Ökologie können nie 100%-ig miteinander vereinbar sein. Dann müssen ökologische Ziele vorrangig gesetzt werden. Denn um den Klimawandel aufhalten zu können, muss man die ökologische Effektivität über die rein ökonomische Effizienz stellen.

Literaturverzeichnis

[BKAR06]   Bundeskartellamt: Sachstandspapier zur Vorbereitung der mündlichen Verhandlung in Sachen Emissionshandel und Strompreisbildung. Bundeskartellamt 8. Beschlussabteilung, Bonn 2006.

[BKAR07]   Bundeskartellamt: Bundeskartellamt mahnt Stromversorgungsunternehmen wegen überhöhter Strompreise im Hinblick auf CO_2-Zertifikathandel ab. Pressemitteilung vom 20.12.2006. In: http://www.bundeskartelamt.de/wDeutsch/archiv/PressemeldArchiv/2 006/2006_12_20.php, Informationsabfrage vom 08.05.2007.

[BOCK05]   Bockamp, S., Folke, Chr.: Technik der CO_2-Emissionsminderung. In Lucht, M., Spanghardt, G.: Emissionshandel. Springer, Berlin 2005.

[BÖHR05]   Böhringer, C., Lange, A.: Mission Impossible?! On the Harmonization of National Allocation Plans under the EU Emission Trading Directive. Discussion Paper No.04-15. Center for European Economic Research (ZEW), Mannheim 2005.

[BROC07]   Brockhaus Wirtschaft. Definition von Windfall Profit. In: http://www.brockhaus.de/brockhaus-suche/werke/bwirtschaft/024/022/Windfall-Profit.24022406.html, Informationsabfrage vom 13.06.2007.

[BUND02]   Die Bundesregierung: Perspektiven für Deutschland – Unsere Strategie für eine nachhaltige Entwicklung. Berlin 2002.

[BUND07]   Bundesministerium für Umwelt, Naturschutz und Reaktorsicherheit: Emissionshandel in der zweiten Handelsperiode 2008-2012. Einfacher – wirksamer - effizienter. Hintergrundpapier des BMU, Berlin 2007.

[DEHS07]   Deutsche Emissionshandelsstelle: Auswertung der Ist-Emissionen des Emissionshandelssektor im Jahr 2006. DEHSt, Berlin 2007.

[DIEK05]   Diekmann, J., Hopf, R., Ziesing, H.J.: Klimaschutz in Deutschland bis 2030. Endbericht zum Forschungsvorhaben Politikszenarien III. Umweltbundesamt, Berlin 2005.

[DONNo6]   Donner, S.: Erfahrungen nach dem ersten Jahr des europäischen Emis-
             sionshandels. Infobrief des Deutschen Bundestages, Berlin 2006.

[ELSPo6]   Elspas, M., Salje, P., Stewing, Cl.: Emissionshandel, ein Praxishand-
             buch. Carl Heymanns Verlag, München 2006.

[EUKOo7]   Untersuchung der europäischen Erdgas- und europäischen Elektrizi-
             tätssektors gemäß Artikel 17 der Verordnung (EG) Nr.1/2003. Mittei-
             lung der Kommission an den Europäischen Rat und das Europäische
             Parlament, KOM(2006) 851, Brüssel 2007.

[FICHo7a]   Fichtner - Plattform für Emissionshandel: Klimaschutz, Klimawandel.
             In: http://www.emissionshandel-
             fichtner.de/klimaschutz_klimawandel.html,
             Informationsabfrage vom 12.02.2007.

[FICHo7b]   Fichtner - Plattform für Emissionshandel: Internationaler Klimaschutz.
             In: http://www.emissionshandel-
             fichtner.de/klimaschutz_flex_mechanismen.html,
             Informationsabfrage vom 13.02.2007.

[FICHo7c]   Fichtner - Plattform für Emissionshandel: Wer ist betroffen? In:
             http://www.emissionshandel-
             Fichtner.de/EU_emissionshandel_betroffene.html,
             Informationsabfrage vom 17.02.2007.

[FICHo7d]   Fichtner - Plattform für Emissionshandel: Wer ist betroffen? In:
             http://www.emissionshandel-
             fichtner.de/umsetzung_in_D_DEHSt.html,
             Informationsabfrage vom 08.05.2007.

[FICTo5]   Fichtner, W.: Emissionsrechte, Energie und Produktion. Erich Schmidt
             Verlag, Berlin 2005.

[HEYMo7]   Heymann, E.: EU-Emissionshandel. Verteilungskämpfe werden härter.
             Deutsche Bank Research, Frankfurt am Main 2007.

[HIRSo7]   Hirschhausen, Chr.: Preisbildung und Marktmacht auf den Elektrizi-
             tätsmärkten in Deutschland. TU Dresden – Lehrstuhl für Energiewirt-
             schaft und Public Sector Management, Dresden 2007.

[HITZ05]   Hitzeroth, M.: Marktmacht in Emissionshandelssysteme – eine theoretische und empirische Analyse. Bundesministerium für Bildung und
Forschung, Wuppertal 2005.

[KEMF04]   Kemfert, C.: Der Strommarkt in Europa: Zwischen Liberalisierung und
Klimaschutz. Wochenbericht des DIW 31/04. Berlin 2004.

[KEMF07]   Kemfert, C., Schneider, Fr.: Der Emissionshandel in Deutschland und
Österreich – ein wirksames Instrument des Klimaschutzes?. Deutsches
Institut für Wirtschaftsforschung DIW, Berlin 2007.

[LANG06]   Schwarz, H.G., Lang, Chr.: The Rise in German Wholesale Electricity
Prices: Fundamental Factors, Exercise of Market Power, or Both? IWE
Working Paper Nr.02. Institut für Wirtschaftswissenschaft, Universität
Erlangen-Nürnberg, Nürnberg 2006.

[LEVI05]   Levin, Th.: Emissionshandel. VDM Verlag Dr. Müller, Berlin 2005.

[LUCH05]   Lucht, M.: Das Umfeld des Emissionshandels im Überblick. In Lucht,
M., Spanghardt, G.: Emissionshandel. Springer, Berlin 2005.

[LUEG07]   Lueg, B.: Emissionshandel als eines der flexiblen Instrumente des Kyoto-Protokolls. Wirkungsweisen und praktische Ausgestaltung am
Beispiel der Europäischen Union. IWIM, Dresden 2007.

[MARC05]   Marci, M.: Trading. In Lucht, M., Spanghardt, G.: Emissionshandel.
Springer, Berlin 2005.

[MATT06]   Matthes, F.: Auswirkungen verschiedener Allokationsregeln auf Investitionen im Strommarkt. Öko-Institut, Berlin 2006.

[MICA04]   Michaelowa, A.: Großzügige Versorgung der Großemittenten mit
CO_2-Emissionsrechten. Wirtschaftsdienst, Band 84, Berlin 2004.

[MICH90]   Michaelis, P.: Umweltpolitik mit handelbaren Emissionsrechten. J.C.B.
Mohr (Paul Siebeck), Tübingen 1990.

[OBER06]   Oberndorfer, U., Renning, K.: The Impacts of the European Emissions
Trading Scheme on Competitiveness in Europe. Discussion Paper
No.06-051. Center for European Economic Research (ZEW),
Mannheim 2006.

[SCHA05]   Schafhausen, Fr.: Politische Umsetzung von Kioto in der EU und in
             Deutschland. In Lucht, M., Spanghardt, G.: Emissionshandel. Springer,
             Berlin 2005.

[SCHA06]   Schafhausen, F.: Aufgaben des Emissionshandels. Konferenz zum
             Thema: Die Energiepolitik in Deutschland zwischen Wettbewerbsfä-
             higkeit und Nachhaltigkeit – Chancen und Perspektiven für die Ener-
             gieversorgung. Bundesministerium für Umwelt, Naturschutz und Re-
             aktorsicherheit, Berlin 2006.

[SCHE03]   Schenk-Mathes, H.: Emissionsrechte: Eine Chance für Unternehmen
             und die Welt. Papierflieger Verlag, Clausthal-Zelelrfeld 2003.

[SCHN07]   Schwintowsky, H.P.: 60 statt 1000 Euro pro Tonne, in Neue Energie,
             Ausgabe 01/07, Seite 25. Berlin 2007.

[SCHW05]   Schwarz, R.: Unternehmensstrategien. In Lucht, M., Spanghardt, G.:
             Emissionshandel. Springer, Berlin 2005.

[UNEP01]   United Nations Environment Programme Finance Initioative:
             CEO Briefing – Das Klimarisiko für die Weltwirtschaft. Genf 2001.

[UNRA92]   United Nations: Rahmenübereinkommen der Vereinten Nationen über
             Klimaänderungen. UN, New York 1992.

[VIKE06]   VIK – Energie für Industrie: Vortrag des VIK beim Verfahren vor dem
             Bundeskartellamt gegen E.ON Energie AG und RWE AG. In:
             http://www.vik.de/fileadmin/vik/Vortraege/30_03_06.pdf,
             Informationsabfrage vom 20.04.2007.

[WWFH06]   WWF Deutschland: Hintergrundinformation, Gewinne aus der Einprei-
             sung der CO_2- Kosten im Verhältnis zu den angekündigten Investitio-
             nen von RWE, E.ON, Vattenfall Europe, EnBW und STEAG.
             Berlin 2006.

[ZENK06]   Zenke, I., Fuhr, Th.: Handel mit CO_2-Zertifikaten. Verlag C.H. Beck,
             München 2006.